道善人与经典文库

论语约讲

感通
孔子心志的
新诠释

林义正 著

北京联合出版公司
Beijing United Publishing Co.,Ltd.

图书在版编目（CIP）数据

论语约讲：感通孔子心志的新诠释 / 林义正著.
北京：北京联合出版公司，2025. 5. -- ISBN 978-7
-5596-8293-2

Ⅰ. B222.25
中国国家版本馆CIP数据核字第2025P41U59号

北京市版权局著作权合同登记 图字：01-2025-1231

论语约讲：感通孔子心志的新诠释

作　　者：林义正
出 品 人：赵红仕
责任编辑：牛炜征
封面设计：赑 **众己·设计** | 微信：orange_pencil
内文排版：九章文化

北京联合出版公司出版
（北京市西城区德外大街83号楼9层　100088）
北京联合天畅文化传播公司发行
固安兰星球彩色印刷有限公司印刷　新华书店经销
字数188千字　710毫米×1000毫米　1/16　17印张
2025年5月第1版　2025年5月第1次印刷
ISBN 978-7-5596-8293-2
定价：58.00元

自 序

　　《论语约讲》本来是笔者对孔子学说所做的一系列演讲，经过几番折腾，终于将讲稿修补、润饰完成了。本书不是按《论语》的篇章顺序来讲的，而是在笔者所撰《孔子学说探微》①、《孔学钩沉》②、《〈周易〉〈春秋〉的诠释原理与应用》③三本专著的基础上，以简明口语的方式，对孔子思想做重点解说。

　　在讲述孔子学说的时候，凡引用《论语》各章，句末必附上杨伯峻《论语译注》④所编的篇章码，并将各章原文以附录置于文后，读者可由此查看引用孔子言说的依据，由于《论语》所显示的义理未必显豁，因为那是孔子思想的精粹语，其中含有六艺文化的背景。孔子的思想有述有作，单就一句话的表述而言，必含摄传统的历史经验与累世相传的哲思，光从一句"齐一变，至于鲁；鲁一变，至于道"（6·24），若不知孔子是借《鲁春秋》以表《春秋》义，怎么知道《论语》跟《春秋》有密不可分的关系？同样，不深谙孔子

---

① 林义正：《孔子学说探微》，台北：东大图书公司，1987年9月。

② 林义正：《孔学钩沉》，台北：巨凯数位服务公司，2007年。

③ 林义正：《〈周易〉〈春秋〉的诠释原理与应用》，台北：台大出版中心，2010年12月。

④ 杨伯峻：《论语译注》，台北：河洛图书出版社，1978年12月台影印出版。

所言"加我数年，五十以学《易》，可以无大过矣"（7·17），"不知命，无以为君子也"（20·3），"五十而知天命，六十而耳顺，七十而从心所欲，不逾矩"（2·4），以及子贡所言"夫子之言性与天道"（5·13），怎会相信《论语》跟孔子赞《易》有内在关系，而这些都不是疑古论者可以轻易否定的。

晚清著名学者陈澧（1810—1882）说过："《论语》者，五经之管辖也。"① 为什么这样说呢？他认为：

> 《论语》说《易》《书》者少，《春秋》则更未论及；然"有恒""无大过""思不出其位"，《易》之精义也；"孝友施于有政"，《书》之精义也。"巍巍乎！舜禹之有天下也"数章，及《尧曰》"咨"一章，论尧舜禹汤文武，《尚书》百篇，此提其要矣。"晋文公谲而不正，齐桓公正而不谲"及"天下有道，则礼乐征伐自天子出""禄之去公室五世矣"二章，《春秋》二百四十二年之事，尤提其要矣。陈恒弑君，孔子请讨，即在西狩获麟之年，此尤《春秋》之所以作也。经学之要，皆在《论语》中。

这是晚清通儒见证经义相互融贯的话，其说不拘泥于表面字句，反而更能贴近孔子晚年"知我者其天乎"的心境。本书第六、七两讲，即据《易》与《春秋》经义以宣说《论语》性命天道、经世三阶诸微

---

① 陈澧：《东熟读书记》卷二第9–10页。见重编本《皇清经解续篇》，台北：汉京文化事业有限公司，第20册。

义，较一般仅据《论语》章句论孔子学说者有所不同，更何况随时代风尚差异，诠释各有深浅。然自两汉以来，学者对孔学的把握各有偏重，今文家侧重晚年经世垂法之意，古文家则侧重据实考信之学，此后诂经又有汉宋两学相薄，各有其弊。诚如《四库全书》总纂纪昀（1724—1805）所说[①]：

> 自汉京以后垂二千年，儒者沿波，学凡六变。其初专门授受，递禀师承，非惟诂训相传，莫敢同异，即篇章字句，亦恪守所闻，其学笃实谨严，及其弊也拘。王弼、王肃稍持异议，流风所扇，或信或疑，越孔、贾、啖、赵以及北宋孙复、刘敞等，各自论说，不相统摄，及其弊也杂。洛闽继起，道学大昌，摆落汉唐，独研义理，凡经师旧说，俱排斥以为不足信，其学务别是非，及其弊也悍。学脉旁分，攀缘日众，驱除异己，务定一尊，自宋末以逮明初，其学见异不迁，及其弊也党。主持太过，势有所偏，材辨聪明，激而横决，自明正德、嘉靖以后，而其学各抒心得，及其弊也肆。空谈臆断，考证必疏，于是博雅之儒引古义以抵其隙，国初诸家，其学征实不诬，及其弊也琐。要其归宿，则不过汉学、宋学两家互为胜负。夫汉学具有根柢，讲学者以浅陋轻之，不足服汉儒也。宋学具有精微，读书者以空疏薄之，亦不足服宋儒也。消融门户之见而各取所长，则私心祛而公理出，公理出而经义明矣。

---

① 纪昀：《四库全书总目提要》卷一经部总叙，石家庄：河北人民出版社，2003年3月。

以上泛指经学诠释在各阶段所致之弊病，非独就《论语》而言，但仍有告诫作用，指出后学应消融门户之见，各取所长，期盼"公理出而经义明"。由于经义的诠释活动涉及文本内容、诠释者及诠释背景之间的关系，即使文本取得客观的见解，但在不同时代却沾有不同风尚，加上诠释者各有关怀，体悟自有深浅，实在很难取得客观一致的见解，更别说公理了。就以文书取得客观理解来说，也是诠释的一项先行设定而已。在诠释孔子的中庸思想时，后世流传的《张侯论》作"中庸之为德也，其至矣乎！民鲜久矣"（6·29），而《中庸》第三章引作"中庸其至矣乎！民鲜能久矣"，对比前后文来看，意思无差，但字有增减，何者为孔子的原句现在已很难确定，不过，后人似乎可以推定其所以然。前者已指出中庸是德能之事，能否坚持长久是问题，所以说出"鲜久"意思已足；而后者仅提出"中庸"一词，未必言属德能之事，因此要指出"能"字，而说"鲜能久"，语各有当。唯独笔者体会句意，似乎"其至矣乎"若不作赞叹句，而作疑问句则更为传神，孔子的意思绝不是中庸不易做到，而是说人人都可做得到，只是不容易长久维持中庸这一德能罢了，这层意思可以跟《论语》中的："子曰：'南人有言曰："人而无恒，不可以作巫医"，善夫！''不恒其德，或承之羞。'子曰：'不占而已矣。'"（13·22）对"恒"德的重视相呼应。

再举一例。后世流传《论语》"加我数年，五十以学《易》，可以无大过矣"（7·17）这一章，在汉代就面临《鲁论》《齐论》《古论》三种文本流传的差异问题。《鲁论》称："加我数年，五十以学，亦可以无大过矣。"《齐论》称："加我数年，五十以学《易》，可以无大过矣。"《古论》称:"加我数年,五十以学《易》,可以无大过矣。"

西汉晚期,张禹以《鲁论》篇章为底本,综合今、古文《论语》,编成《张侯论》以教皇子,成了今日流传的文本。推测当时张禹必面临困惑,到底何者较真。从后代经今古文学两千年争论不息来看,这个问题仍然存在。到底孔子是否学《易》,从文本考究来看,当可自圆其说,并无不妥,但从更广泛的史料看来,孔子不但学《易》、赞《易》,还传《易》。同属经今文学的《鲁论》《齐论》,一个挺《易》,一个不挺《易》,到底先秦孔子所传的抄本为何,由于师法、家法的不同,只能各是其所是。至于后来在文字上有各种延伸、拆合、解读,至少也有六种之多,可见对《论语》文本的客观追求,只能是一种理想。如果从义理的角度来看《雍也》的这两章:

> 子曰:"知者乐水,仁者乐山。知者动,仁者静。知者乐,仁者寿。"(6·23)
>
> 子曰:"齐一变,至于鲁;鲁一变,至于道。"(6·24)

就跟孔子传《易》有密切关系,何以见得?《论语》中仁、知对举不下六次,再见《中庸》所言"成己,仁也;成物,知也;性之德也,合外内之道也"(第25章)及《易·系辞传》都是贯通的,它道出《易》道内在不易的德能义,若从外在变易的作用来说,那是经世义,与孔子借《春秋》以表致治法式之微言合拍。笔者觉得这才是"齐一变"章的确解,如此由《论语》即可直贯孔子晚年赞《易》、作《春秋》的思想发展,可惜晚近学者较少关注和阐发这些地方,笔者拟补这方面的不足。

研究孔子学说，首先面临取材的广狭问题。由于孔子是当时传统六艺的集大成者，一生教育不辍，讲述六艺，后来成了经今古文学，而学生所留下的笔记被编成了《论语》。经今古文学之争的关键在于，孔子之于六艺的角色究竟是述（承袭）还是作（创作），其实是寓述于作之中，述在温故，作在知新。《论语》虽非孔子亲著，却是弟子及其再传弟子记录孔子及其弟子言行的语录体文集，可作为研究孔子学说的可信史料，但若只限于此，就难见孔子学说之全，尤其在解释相关各章的时候，往往仅见表面文句，却不知背后含藏寓述于作的经义。不管传统经学，还是两汉经今古文学，或汉宋之学，其研究方式各有偏重，但亦涉及版本、校雠、章句、训诂、史考、义理、会通诸学，往往受到尊经崇圣观念的影响，尚未突破藩篱。直到近百年来，人们受西学方法论的影响，才能更平实地看待经典，突破既有的规范。从研究如何读《论语》来说，陈大齐（1877—1983）先生在所著《孔子学说》（1964）第二章中提到①，应以《论语》解《论语》及谨守推论范围两原则，拟了十一条研读方法，以求正确理解：

1.力避断章取义。2.同名务求同解。3.不忽视虚字的作用。4.作必不得已的补充。5.少作不合文例的解释。6.少作事实判断看待。7.不作不当的推测。8.疏通似是而非的矛盾。9.以言论间的符顺助证。10.可疑章句不求强解。11.会通以求完整义理。

---

① 陈大齐：《孔子学说》，台北：正中书局，1977年7月第七版。

后来，笔者又读到日本学者宫崎市定（1901—1995）所著《论语の新研究》（1974）一书①，其分历史篇、考据篇、译解篇。作者以其从事史学研究的经验，不把经典视为神圣、不可怀疑的，一律以史料平等视之，并提出文本本身有误字、脱字、衍字或错出诸多实例，在训诂方面有属句读及引文的问题，另有考察章中文义及语义，其拈君子如何取义、君君等构句如何解读，且提出假借字及一字两义的问题，均一一例示，值得参考。

在经典诠释的活动中，中国佛教所展现的理论颇为可观，由于佛经不断译出，在肯定都是佛说的前提下，如何理解经义，出现各种不同的判教，如天台智𫖮的五时八教判，华严贤首的五教十宗判等，看来佛教宗师在诠释佛法时谨依《涅槃经》"四依四不依"为规范——依法不依人、依义不依语、依智不依识、依了义经不依不了义经②。如果依此作为研究孔子学说的指导原则，那么所谓依法不依人就是指孔子的微言大义，而人则是指传达孔子思想、学说的人，即孔子的学生、后学、孟荀乃至后代的追随者或诠释者，所以当依本人所说，不当依他人转述；而所谓依义不依语，是当依语言的真实指谓（意义），如月亮，而不依语言文字表面的符号（意符），如手指，毕竟以手指指月亮，但手指并不是月亮；而所谓依智不依识，是说当依智的直觉力判断，而不依识的分别力判断，因为前者无执而后者有执；而所谓依了义经不依不了义经，是说孔子所说的话中有了义与不了义的分别，了

---

① 宫崎市定：《论语の新研究》，东京：岩波书局，1974年6月。
② 《大般若涅槃经》卷6页642上，见大正新修《大藏经》，台北：白马精舍印经会影印，第12册。

义是指无设定条件下的究竟说法，而不了义是指有条件下的对治性说法；了义是中道，即持衡之言，而不了义是两端之语，指补弊之教。

通过传统儒佛经典诠释实践的反省，让当代学者借鉴西方诠释学理论而有所创建的傅伟勋（1933—1996）先生，在1989年的《创造的诠释学及其应用》①一文中提出"五谓"作为经典诠释的五个辩证步骤：第一是实谓，考订原思想家（或原典）实际上说些什么，这一层涵盖版本校勘、辑佚考证、名物训诂、篇章句读诸活动，以探文本原来实际如何。第二是意谓，忠实客观地厘清原思想家（或原典）本义、真义，所表达的到底是什么，那是属于平面的非历史性平衡的分析，亦非历史纵深厚度的深层分析，这仅仅是浅层意义的把握。第三是蕴谓，为探讨原思想家（或原典）更深刻的意蕴，提升到其可能要说什么，所以加入历史情境因素，扩大诠释的广度，不拘泥特定时空，对原典采取开放性理解的态度，比较、总结历史上具有分量的重要诠释，超克意谓层面因追求客观性所可能产生的片面性及主观臆断。第四是当谓，指原思想家（或原典）应当说出什么，为达此目的，诠释者应当发掘原思想体系表层结构下的深层结构，判定原思想家义理根基以及整个义理架构的本质，化解原典表面的矛盾，重新安排原典的脉络意义及轻重高低次序的可能诸意蕴，并从中提出具有义理强度的诠释，诚如佛教宗师的教判。第五是必谓（创谓），它指出原思想家（或原典）现在必须说出什么，亦即创造诠释者为解决原思想家（或原典）未能完成的思想课题，化解其局限，救活原思想所必须实践的工作，这属

---

① 傅伟勋：《从创造的诠释学到大乘佛学》，台北：东大图书公司，1990年7月。

于创造发展层次。以上，实谓、意谓、蕴谓属依文解义之事，当谓与必谓属依义解文。所以，传统的经典诠释能做到第三谓已是极致，至于第四、五谓则是对文本从事批判继承及创造发展了。

今举《论语》"朝闻道，夕死可矣"（4·8）章为例，说明诠释可由浅至深。本章自古以来就有不同传本，不知何者为是。依汉《石经》"矣"作"也"。从所表而言，句义无差，但语气有别。作"也"为肯定句，语意直白；作"矣"则为感叹句，叹死未行道，唯幸早闻道，尚可无憾矣。由于此章自是孔子弟子的实录，但在什么场合中、背景下问些什么问题，今已无法知晓，反而激发读者的想象力。但就此句话来说，文字所显示出来的意义，仍大可推敲。朝夕指一日，意谓时间短暂；有生必有死，然朝生夕死，无乃太短促，不是人生的常态，人生本有一连串的自我学习与提升，所谓做人、成人、成道是为究竟。然而"道"是什么？则诚待专论，但最简明地了解可借孔子所说："道二：仁与不仁而已矣"（《孟子·离娄上》）和"志于道"（7·6）两句，说明"道"即仁，指做人的目标、人生的终极价值。"闻"是何意？从《论语》用语中得知"闻""见"与"知""行""达"还是略有不同，"闻"属直接听闻而知晓，"见"指亲见实而知晓，两者指知的来源。有知未必立刻实行，实行也未必达成，何况孔子说过"是闻也，非达也"（12·20），因此，这章最浅白的意思是："有幸早上听到做人道理（目标、价值），可惜到了晚上还来不及实行就死了，虽死也可无遗憾啊！"但当我们参阅杨伯峻（1909—1992）先生《论语译注》的白话"早晨得知真理，要我当晚死去，都可以"时，就感觉到难以理解。首先用日常语言中的"真理"来翻译"道"是否妥当？在平常一般将"真理"跟"道理"混用，但合宜的做法是要区分开来，以"真理"指客观事实的陈述，以"道理"指价值规范的理想。如果"道"指客观事实陈述本身，那么只能接受事实，无所谓可不可以，既然说可以，就表示属于价值衡量的问题，这里的价值衡量是以闻道为前提，显然闻道是攸关人生的大事，如果未能首先得知这个道理，那么其人虽生犹死，根本谈不上当晚死去可不可以，因此，这个翻译漏失不少讯息。

现在我们通过诠释史，略将有代表性的注疏加以引述，以便讨论。

东汉郑玄（127—200）注云："言君子渴道，无有醉饱之心，死而后已也。"在这样诠释下，是说作为君子者，求道之心若渴，永不满足，至死而后已，这是凸显君子至死求道之心。

三国何晏（195—249）自注云："言将至死，不闻世之有道。"南梁皇侃（488—545）《义疏》[①]云："叹世无道，故设使朝闻世有道，则夕死无恨，故云可矣。栾肇曰：道所以济民，圣人存身为行道也，济民以道非为济身也。故云：诚令道朝闻于世，虽夕死可也；伤道不行且明己忧世不为身也。"宋邢昺（932—1010）疏云："此章疾世无道也。设若朝闻世有道，暮夕而死，可无恨矣。言将至死，不闻世之有道也。"三则注疏有一共同特征，均把"朝闻道"的"道"解作"有道"，指当世有道，遂以假设语气说出：若早上闻得当世有道，当晚死了也可无恨。于是，本章传达的是孔子感叹当世礼坏乐崩、无道至极的意思。如果诠释仅止于此，显然丧失孔子在失道之世仍然矢志谋

---

① 皇侃：《论语义疏》收入（台北：鼎文书局影印《古经解汇函》之二十一卷二。

道的意蕴。事实上，孔子说的这句话，除了对当世有无道的感叹，应该还指出闻道是攸关人生价值的大事。

南宋朱熹（1130—1200）《集注》①："道者，事物当然之理。苟得闻之，则生顺死安，无复遗恨矣。朝夕，所以甚言其时之近。程子曰：言人不可以不知道，苟得闻道，虽死可也。又曰：皆实理也，人知而信者为难。死生亦大矣！非诚有所得，岂以夕死为可乎？"可见朱熹完全认同程明道把"道"解释作攸关"生顺死安"的人生实理，亦即"事物当然之理"，但人为什么"不可以不知道"，又知"道"是如何可能？只说苟得闻之，则死可无憾而已。

南宋张栻（1133—1180）《论语解》②云："人为万物之灵，其虚灵明觉之心，可以通乎天地之理，故惟人可以闻道。人而闻道，则是不虚为人也，故曰：夕死可也。然而所谓闻道者，实然之理，自得于心也，非涵养体察之功精深切至，则焉能然？盖异乎异端惊怪恍惚之论矣。"这是说人本有虚灵明觉之心可通达天地之理，而唯有人只要涵养体察的功夫下得深即可闻道，不虚为人，虽夕死无憾。

清刘宝楠（1791—1855）在何晏自注③："言将至死，不闻世之有道。"下云："《尔雅·释诂》：'朝，早也。'《说文》：'朝，旦也。''夕，暮也。从月半见。'朝夕，言时至近，不逾一日也。闻道者，古先圣王君子之道，已得闻知之也。闻道而不遽死，则循习讽

---

① 朱熹：点校新编《四书章句集注》，台北：鹅湖出版社，1984年9月。
② 张栻：《南轩论语解》卷二，见索引本《通志堂经解》第35册，台北：汉京文化事业有限公司。
③ 刘宝楠：《论语正义》，见重编本《皇清经解续篇》第17册，台北：汉京文化事业有限公司。

诵，将为德性之助，若不幸而朝闻夕死，是虽中道而废，其贤于无闻也远甚，故曰：可矣。《新序·杂事篇》载楚共王事，《晋书·皇甫谧传》载谚语，皆闻道为己闻道，非如注云：'闻世之有道'也。汉石碑：'矣'作'也'。"由此知清代解经不循宋学而返汉学之门径，从其将"闻道"不依何晏的"闻世之有道"注，依郑玄古说，指闻道是闻"古先圣王君子之道"，并践行之，以成就德性，若不幸朝闻夕死，亦贤于无闻远甚，故曰：可矣。完全紧扣章意，不踵理学途径，最为朴实。

由以上具有代表性的注疏，得知此章本义涉及三项关键性字眼的理解，首先是"闻道"究竟何意，再追问下去，何谓"闻"、何谓"道"，说"朝闻道，夕死可矣"，究竟有何理由。此句的主语是孔子吗？如果是孔子，那就显露孔子的内心情绪而已，没有多大意义；如果不是，而是对来者的答问，那就蕴含孔子对来者的期许，并传达了孔子所体认的人生价值观——君子之道，从经学的角度来看，这句话应是向任何人开放的。这个"道"可以指仁道、实理、事物之理、天地之理或古先圣王、君子之道。

"闻"在《论语》中出现五十八次，作动词用有四十八次，表示听到的意思，它同"见"一样，指知的两个来源之一，所以，不管是"闻而知之"或"见而知之"，其结果都是指知晓、领悟、明白。最近，笔者读到廖名春先生力辟传统主流注疏此章以"闻"训为"知"之非[1]，其引《论语·颜渊》：

---

① 廖名春：《孔子真精神——〈论语〉疑难问题解读》，贵阳：孔学堂书局，2014年7月。

子张问："士何如，斯可谓之达矣？"子曰："何哉，尔所谓达者？"子张对曰："在邦必闻，在家必闻。"子曰："是闻也，非达也！夫达也者，质直而好义，察言而观色，虑以下人。在邦必达，在家必达。夫闻也者，色取仁而行违，居之不疑。在邦必闻，在家必闻。"（12·20）

谓此章即以"闻"训为"达"，所以"朝闻道，夕死可矣"的"闻道"为"达道"，训为"达到道，实现理想"。廖名春先生认为，这"不但有可靠的训诂根据，也有前人解读的先例，更符合孔子重行于知的思想性格，是完全可信的"。殊不知古汉语中同一"闻"字有作动词与名词，取义亦不同，作动词解作"听到"，作名词解作"声誉"。"达"字也一样，作动词取"到达"，作名词取"成德"，因此，对"道"而言，不好说"听到"道等同"到达"道。既然孔子已区别这两字，应当不会认同"朝闻道，夕死可矣"解作"朝达道，夕死可矣"，否则何必对朝夕短暂之死引以为憾？可见考释是为了满足达道可安死的自足性，却忽略了闻道是君子入德的必要性。这只要从孔子"志于道""学道""闻道""谋道""忧道""信道""适道""致道""弘道""至于道"诸措辞可领略求道有一连串的历程，不是一下子就能达道，所以，此章蕴含孔子勉人闻道在人生价值上的重要性——早上闻道，不幸晚上死了，虽未达道（至于道），亦可无憾。

至此，本章句义总算厘清了，显然孔子说这句话不是了义的说法，而是他向未曾闻道的人表示鼓励，若对已闻道者当会有不一样的说法，可是这句话背后蕴藏闻道跟个人生死价值之间的密切关联。道跟人生有内在关系，从"志于道，据于德，依于仁，游于艺"（7·6）可得知，"道"落在君子修养上，指内具"仁者不忧，知者不惑，勇者不惧"（14·28）之三德，也表现孔子的社会理想之志："老者安之，朋友信之，少者怀之。"（5·26）如果再配合"齐一变，至于鲁；鲁一变，至于道"（6·24），就可知"道"是指《礼记·礼运》所谓"大同"境界。所以，孔子之道内指个人修养的圆满人格——君子或圣人，个人修养臻至三德，何有生死之忧；外指社会大同的境界，社会和谐，进至大同，天下必然有道。至此，我们了解到孔子学说的一贯性，它是有机整体、辩证统合的两端一致，其内圣以"与天地合其德"为依归，外王以"乾元用九，乃见天则"为至极。

从《论语》来了解孔子的学说，本来是理所当然的事，但如何看待它，的确值得再三省思。笔者在完成本书后，不妨给读者提供一点解读《论语》的经验，基本上，要了解孔子学说是孔子一生既述且作的成果，所以，绝对不能忽略其与太学六艺的关系，其中有继承，也有创造。孔子以六艺教弟子，其言教之精义亦融入语录之中，因此，不得经义亦难懂语录的深义，笔者曾考察孔子对《诗》《易经》《春秋》的诠释方法，益信其不诬。最重要的是在诠释的过程中，一定要时时恕心地体贴孔子的心志，贯通地了解其深意，才能为孔子学说找到一个比较好的诠释。

林义正谨述于永和

岁次癸卯立冬之日

第一讲

《论语》解读前知

第一节 《论语》与孔子的关系

《论语》这本书从南宋由朱子（熹）编入"四书"，到了元仁宗皇庆二年（公元1313年）将《四书章句集注》列为科举经义考试的科目，之后六百年间，所有读书人几乎没有不读《论语》的。到了中华民国八年（1919），虽然废除了经学科，但此书到今天依然有影响力。

我们要了解《论语》，首先要知道《论语》这本书到底是如何传承的。《论语》这个名称始见于《礼记·坊记》，也许先秦时代就有了，但编辑内容到汉代出现传承的差异，有所谓今文学《论语》与古文学《论语》。今文学《论语》包含《齐论语》《鲁论语》，两者都靠口传；另一个是古文学的传本，出自西汉前期鲁恭王刘余在修孔府宅第时，从墙壁中发现的，因为它用先秦古文字书写，所以被称作《古论语》。但根据王充《论衡·正说》的说法，还有个三十篇的本子，它包含《古论》的二十一篇和齐、鲁、河间的九篇，后来亡佚了。后汉时，汉成帝的老师张禹以《鲁论》篇章为底本，综合今、古文《论语》编成《张侯论》教授皇子。这样看来，《论语》到了汉代，至少有五种不同的本子，因教授皇子的关系，《张侯论》独获青睐。汉末经学家郑玄为它作注，魏晋时何晏作《论语集解》，六朝时皇侃据此作《义疏》，北宋时邢昺也作疏，成了《论语正义》，到了南宋，朱熹作《论语集注》，因此，后代所传的《论语》，根本上是二十篇的《张侯论》，是三论相互校订出来的综合本子，没有传下来纯粹的《鲁论》《齐论》或所谓《古论》。据《汉书·艺文志》记载，《齐论》多出了两篇，但现在流传的《论语》只有二十篇，分为上下，上十篇称《上论》，下十篇称《下论》。

《论语》第一章"学而时习之，不亦说乎？有朋自远方来，不亦乐乎？人不知而不愠，不亦君子乎？"（1·1）最后一章"不知命，无以为君子也；不知礼，无以立也；不知言，无以知人也。"（20·3）从这一前一后两章来看，发现《论语》里面贯串一个思想重点，那就是"君子"。孔子学说其实可以看成"如何做个君子"，一种时时想打通群己道理的思想。

《论语》跟孔子是什么关系呢？我们知道《论语》这本书记载的内容主要是孔子跟弟子、时人及弟子之间的谈话记录，跟西方柏拉图（Plato，公元前429—前348）的《对话录》不同，《论语》含有弟子们向孔子请教如何成人、士、君子，即怎样进德修业，以及孔子跟当时在位者的答问，少部分是弟子彼此之间的讨论。这三个部分当中，主体是弟子们向孔子请教以及孔子给弟子们各自的指点。另外，肯定还有一些对话没搜集在《论语》里，如果仅以现有的材料为依据来研究孔子的学说，肯定会失之周全。从常识来推断，孔子的言说绝不会仅止于此，何况语录非常精要，如果不了解六艺，就实在很难贯通孔子的微言大义。

第二节 志道：孔子一生学习的动力

我们要理解孔子的生平与学说，最简便的文本就从孔子晚年的自述开始，他曾说："吾十有五而志于学，三十而立，四十而不惑，五十而知天命，六十而耳顺，七十而从心欲，不逾矩。"（2·4）但如果只凭这句话，还是不明白许多事情，因此，需要参考后代学者的研究成果。

了解孔子，除了《论语》，还要参照最早出现的传记——《史记·孔子世家》。当然现在已有出版多本孔子传记，搜集更多史料，研究也很细致，均可作为参考。

孔子（公元前551—前479年），名丘，字仲尼，春秋时代的鲁国人，他三岁丧父，十七岁丧母，十九岁结婚，二十岁生鲤。孔子从小家境不好，当过季氏管粮仓、放牧的小吏。十五岁有志学道，三十岁学有所成，之后从事教育，引领后学。五十一岁从政，到五十四岁左右，发现鲁君不思进取、毫无作为，毅然离开鲁国，周游列国十三年。孔子盼被明君任用，实现抱负，可惜希望都落空了，一直到六十八岁才应季康子之召，返回鲁国，但最终还是没得到重用，晚年"修《诗》、《书》、《礼》、《乐》、序《书》传、赞《易》、作《春秋》"。孔子将一生所学传给弟子，把未完成的志愿寄托在学生身上，一直到七十三岁过世。孔子一生当中，教学和著述成了他最重要的工作，子思在《中庸》里推称他的祖父："祖述尧舜，宪章文武，上律天时，下袭水土。"概括了孔子一生讲学与著述的德业。

另外，要知道孔子到底在想什么，最好从他的言说中找到根据。

最简便方式是从《论语》里出现"志"字的章句开始，如"志于学"（2·4），"苟志于仁矣，无恶也"（4·4），"志于道，据于德，依于仁，游于艺"（7·6），另外有一章："士志于道，而耻恶衣恶食者，未足与议也。"（4·9）将主词都说出来了，就这一章来说，孔子认为士要有为人办事的能力，若出任公职，便称作"仕"；如果不出任公职，就自谋生活，实现自己的理想。因此，士有受命和不受命的区分，例如孔子说过他的学生子贡："赐不受命，而货殖焉。"（11·19）子贡不任公职，自己做生意。但大部分人为了安定，还是想进政府机关做事，但是到政府机关做事也要有个理想，如果太在意待遇好不好，根本谈不上高远的理想——"道"。

孔子说"士志于道"，作为一个君子，"道"就是人生奋斗的总目标。"道"在《论语》中有很多意思，在不同章节里的意义也不一样。比如在《论语·公冶长》里，孔子讲到志时，就说："老者安之，朋友信之，少者怀之。"（5·26）是指他所追求的理想社会。"志"表示个人主观的愿望，"道"表示理想社会的实践。另外在《雍也》篇中，孔子说："齐一变，至于鲁；鲁一变，至于道。"（6·24）这一章非常重要，大多数人讲这一章都一笔带过，认为"齐"是指齐国，"鲁"是指鲁国。这么一来，"道"是指什么呢？指理想国吗？三者应当对等理解才是，其实这里说的是三种治理境界，先从齐国所代表的治理境界变成以鲁国为代表的治理境界，再由鲁国所代表的治理境界提升到大道的治理境界。所以，这个"道"应指孔子政治思想的最高境界，有关这一章的诠释，后面到专节时再详细说明。

《论语》是研究孔子学说的核心记录，但我们也不能忘记孔子早年曾以《诗》《书》《礼》《乐》教弟子的事，而传经的言论就蕴藏在各经的传述中，如《礼记》保留了相当多的孔子对于礼的看法。最重要的是，别忘了孔子晚年读《易》的事，孔子曾说："加我数年，五十以学《易》，可以无大过矣。"（7·17）可见他在《易经》方面也下过大功夫。据了解，孔子在周游列国期间不断研究《易经》，进行过占卜，这些信息一直到1973年底，《帛书易传》出土时才得到证实。西汉时，司马迁作《史记·孔子世家》，明确记载孔子"晚而喜《易》，序彖系象说卦文言"一事，显示孔子与《易传》（或称"十翼"）必有密切关系，只是后人信不及。一般来说，《易》是三代以来相传的卜筮书，经过孔子的诠释便包含天地变化的生生之道，孔子晚年喜《易》，所喜就在这里，但最终的目标在于实现天下太平。我们在这儿依照孟子所说，他一生所愿在学孔子，提到孔子虽处在礼坏乐崩的时代，但依然抱存着希望，如何利用时机来拨乱反正，后来发现已时不我与，于是以七十高龄假托鲁史而作《春秋》，将经世蓝图垂诸未来，因此，想彻底了解孔子晚年的心志大业，就不能不重视《春秋》之义，这是我们理解孔子思想不可或缺的素材。

根据笔者长期的研究经验，《论语》二十篇，除第十篇《乡党》为孔子生活、行事的具体描述，其他大都是跟少数弟子、时人，以及弟子之间对话的语录，不能算是孔子思想完整的记录。想要比较完整地理解孔子思想，凡与《论语》相关的基本史料掌握得愈多愈好，尤其直接与孔子相关的人、事、物最为重要，我们绝不能忽略孔子晚年传经的事实。这次，我们通过《论语》讲孔子思想，是以语录为核心，以其他经义来辅助。《论语》所记本来非常精要，要解透其中的义理，还是不能不依孔子所传述的经义。

总之，如果只是表面读读《论语》，那文句中隐含的经义就不容易凸显，因为《论语》里面含有孔子对传统文献《诗》《书》《礼》《乐》《易》《春秋》的新诠释。但是，有的近代考据学家们以为《论语》里面没直接提到《春秋》，怎会是孔子的著作呢？可是，孟子明明说"孔子惧，作《春秋》"，那又如何解释呢？另外，《论语》里也没有诠释《易》，难道《易》与孔子无关吗？其实，如果细心推究的话，还是不能说完全没有，只是比较少，不像《易传》中阐发得那么雄浑壮阔。如果想要把握孔子的哲学思想，《论语》肯定是必要依据，但不能只限于《论语》，还是要结合《易经》和《春秋》的思想，才能明白《论语》中某些章句"显而微"的深意。总之，如果就《论语》前后所说，孔子离不开以成就君子自勉，于是推定与"志"有关的诸多句子，就可明了孔子一生奋斗的理想。

第三节　复礼：孔子怎样面对周文的问题

从孔子的思想背景来看，周朝以礼乐文明著称，王国维先生在《殷周制度论》一文中就说到，周公经纶天下的方式有两个重点：一个是宗法制度，另一个是封建制度。宗法制就是所谓嫡长子继承制度，周天子属大宗，维系整个宗族的核心。有大宗就有小宗，小宗要共同拥护大宗，通过宗法来巩固伦理亲情。宗法制度可说是整个中国文化核心中的核心。封建制度的核心是封疆建藩，以藩屏周。周天子在打完天下之后，把有战功的人分封到不同地区去开疆拓土，诸侯各国共同维护周天子，周天子居王畿之地，其他各地分封给诸侯，无论异姓或同姓，比如齐、晋。周朝的制度就是把宗法和封建结合在一起，宗法的核心是伦理，封建则是一种政治制度，后者建立在前者的基础之上。从思想来看，政治和伦理是不能分开的，因为伦理强调亲情，而政治强调义理。

这种情与理的结合是周公理政的核心思想，孔子继承了这个思想。西周时期，敬德的思想非常浓厚，周天子确实能够作为德行的表率，可惜到了西周末年，出现了王位争嗣的问题。周天子本身不孝，这对宗法封建的社会构成严重的挑战；换句话说，这样的周天子如何能够作为天下的表率呢？历史上说，平王东迁意味着周天子德望渐失，无法维系天下。此时，中原地区处于塞外民族入侵的险境，华夏、夷狄之间冲突不断，春秋时五霸乘势兴起。从齐桓公开始，以"尊王攘夷"为号召，维系周天子的威望，且不论是否出自真心，总还寄望天下能回归太平。孔子作《春秋》，就是以这一时期的鲁史记作参考，讲明一个新王如何来拨乱，展现治理天下的范式。

我们知道，孔子处在东周春秋时代的晚期，据《史记》载孔子曾问礼于老聃，老聃是孔子的前辈，曾担任周朝史官一职，孔子既问礼于老子（聃），那么他的思想不免受到老子的启发。老子深通周礼，必知三代礼制及礼数所以损益的道理。礼在古代是文明的简称，我们说的周礼其实就等于周文。古代常以文、质两方面来论礼，礼文广义地说泛指礼制、礼器等外在表现，而礼质是指礼意——礼的精神内涵。《史记》提到三代文化时，说夏尚忠、殷尚敬、周尚文。忠在古代通衷、中，因此，夏尚忠就等于夏尚中。从文质的角度来讲，周文强调开拓的理性精神，这是对殷商尚敬（敬鬼神）导致溺静的弊病而来。殷、周文化精神的差异就是尚静与尚动的不同，动是纠正静的，目标是动静合一。至于夏尚忠，也是孔子思想中一个很重要的根源，夏之前有尧、舜，所以我们不能不注意尧、舜、禹之间的传承，这条传承的历史线索在哪里呢？就保存在《论语·尧曰》中。

《尧曰》记载了尧、舜、禹三代口传的经世心法，从文献的角度来看，孔子得之于《尚书》，《尚书》作为"六经"之一的地位就此确立下来。今文家认为"六经"是《书》《诗》《礼》《乐》《易》《春秋》，而古文家把《易》排在最前面，因为他们认为《易》是伏羲所作，这种排序是依据历史先后的观念。但就思想传授而言，《易》与《春秋》是孔子晚年教学的内容，属于孔门的"高阶课程"，相对而言，《诗》《书》《礼》《乐》都只算是孔门早期的"初阶课程"。因此，可以这么认为，有关《易》与《春秋》的传授最能代表孔子晚年的圆熟思想，具有关键性的地位。

从思想形成的背景来考察，孔子思想主要是继承尧、舜、禹三代的文化精神而来，并且增加了一些反省与批判，尤其孔子到了晚年，认为周文非修改不可，否则何来安平。因此，《论语·为政》很重要，孔子说："殷因于夏礼，所损益，可知也。周因于殷礼，所损益，可知也。其或继周者，虽百世，可知也。"（2·23）这段话是紧扣礼的概念，揭示三代各有不同的礼，后代对前代必有所损益。礼从广义上来讲就是文化，一个朝代有一个朝代的文化，流传一久，不免产生异化，越来越不合人性，所以礼在不同时期应要有所调整，这个调整的工作叫作损益。损益的目的是回归人性，回到时中之道上。孔子以损益观点来论礼，这跟传统论《易》——先提损后提益的惯性相合，想必与读《易》有关，传承了这个古老的智慧。

《论语·公冶长》中描述孔子晚年与学生们谈论志向的场景，孔子先询问学生们的志向，颜渊和子路说完之后，小孔子九岁的子路迫不及待地反问夫子的志向是什么，夫子答道："老者安之，朋友信之，少者怀之。"（5·26）这正透露了孔子追求大同社会的理想，这个理想同时蕴含在其晚年的《春秋》大作中，规划如何一步一步实现这个理想；显然，《春秋》不是一种玄思，而是一套具体经纶天下的方法与步骤。很巧，公羊家所传《春秋》"张三世"（所闻、所见、所识）便是这样的思维，它与《大学》所讲的"修身、齐家、治国、平天下"精神完全一贯。

孔子早年对周文化极为向往，他说："周监于二代，郁郁乎文哉！吾从周。"（3·14）周朝之得天下，起于周公和姜太公共同辅佐武王伐纣。当初，文王是殷朝的臣子，可是文王有德望，"三分天下有其二"（8·20），王权岌岌可危，纣王不放心，干脆把文王幽禁在羑里，文王遂在狱中演《易》，古《易》反倒由此复兴。《易》始创于伏羲画八卦，自重后演出六十四卦，不过那时只有符号，没有所谓卦辞、爻辞，这些都是到周初才有的。自周初传下来的《易》又被称作《周易》。孔子读后，发现其中有古圣人的遗言，这些都跟治国、平天下的思想有关。我们试问一下，在古代谁能够拥有天下呢？依《尚书》所说，有德者得天下，无德者丧天下，这是周公对当时贵族的忠告，是说天子一旦失德，就无法保住天命，天命不是某个天子得到了就能世世代代延续下去的。读过《尚书》的人都知道，殷人一直认定天命是恒常的，他们认为上天赋予我天命，我就能永得天下，完全为上天旨意所决定，上天要我当天子，我就当天子。可是，这个想法到了周初发生了改变，为什么？因为殷纣失德。所以，周公讨伐殷纣的时候，提出了一个天命无常的理论，主张天命会随着德行转移，有德者得天命，无德者失天命，整本《尚书》都在宣扬这个观点。

在古代，谁能得天下是政治哲学的大问题，依周公之教，发现这跟德有关，《尚书》里一再提到德，有德才能保住天命。《论语》里孔子一再强调"为政以德"（2·1）、"道之以德"（2·3），绝对与周公旦"敬德保民"的思想有密切关系。孔子一再教导我们要修德，一个人无德就不可能成为君子，这一点在孔子思想中是很重要的。

历史家认为春秋时代是周朝礼教文化的衰落期，到了战国时代已沦落到无礼的地步。清初顾炎武的《日知录》中记载春秋跟战国时代风俗的对比，核心要旨在于是否遵周礼，他认为春秋时代礼教尚未全失，个人乃至国际之间的交往还能遵守周公之制，彼此讲究信用，但到了战国时代却毫无信用可言。所以说，春秋时期的礼乐尚存，那也只是个表象，事实上道德意识早已腐蚀；到了战国时代，礼乐尽失，纯恃武力，那是以强凌弱、以众暴寡的时代。《论语》中一直强调"人而无信，不知其可也"（2·22），类似的话都意味着春秋时代的道德衰落，孔子希望能扼制这种趋势，所以提出道德之教。《论语》中记录："子以四教：文、行、忠、信。"（7·25）表明孔子教学的四大要项，孔子是针对当时礼崩乐坏提出的一种唤醒和补救。

归纳孔子对周文化的批判，有三大方向。

第一是对文化的批判。周初一开始强调礼乐，但此后这种做法逐步异化，倾向于铺张形式，欠缺实质内涵。《论语·八佾》中，孔子说："人而不仁，如礼何？人而不仁，如乐何？"（3·3）人之所以为人，不能缺乏礼乐的修养，礼背后的思想是让——礼让，让为礼之主。礼的精神就在条理、理性，而乐的重点就在性情的调和、回归人性的平和，不在乎会作几首曲子，会唱几首歌。如果只强调外在的东西，即使阵容再庞大、演奏再精巧，这与德行又有什么关系呢？其实强调乐，就是要回到音乐背后的精神中去——和谐，是什么样的和谐呢？在个人上，意味着每个人的内心呈现出一种愉悦；在社会上，意指群众心理具有和平互动的状态。所以，礼有两面，一面是文，另一面是质。文是指表面所铺陈的形式，质是指礼乐背后的内涵。礼是自周以来关乎德行修养的重要思想之一，后来逐渐流于表面，强调外在的仪式，失去了人类纯真的性情，即礼乐的本质。因此，整个春秋时代的文化危机就是只讲究外在的形式，缺乏实质的内涵。换言之，就是虚伪、造假、不实在，孔子批判的目的就在于唤醒人文的内在精神。

第二是对人格的批判。孔子发现当时的人失德、无道，甚至不仁，比如孔子批评卫灵公"无道"（14·19），鲁国季康子就问孔子："卫灵公无道，为什么不失国呢？"孔子回答："他虽无道，但懂得用人啊！他知道让孔文子管理外交，让祝鲍管理宗庙，让王孙贾管理军队。"换句话说，虽然卫灵公的品格不好，但是他知人善任，还不至于亡国。身为国君，个人的修养不好、品格不佳，是个很大的缺点。另外一则是："巧言令色，鲜矣仁。"（1·3、17·17）如果一个人一天到晚净说些讨好、巴结别人的话，那就是没有仁心。为什么需要花言巧语呢？因为必然有求于人，说话有目的，不是出自真心，那就是失仁。儒学中特别强调"仁者人也"(《中庸》),从定义来讲,仁就是人之所以为人的本质,这个观点跟亚里士多德(Aristotle,公元前384—前322)的定义有几分相似,他说:"人是理性的动物。"用我们的话来说,就是"智者人也"。其实,人性本身包含仁和智两个面向,《中庸》里也提到:"成己,仁也;成物,知也;性之德也,合内外之道也。"《论语》里说:"群居终日,言不及义,好行小慧,难矣哉!"(15·17)"乡愿,德之贼也。"(17·13)"道听而涂说,德之弃也。"(17·14)诸如此类,无非都是对人格的批判。

第三是对政治的批判。如果一个国家的制度良好,那么整个家庭、社会、政治秩序都井井有条,所有事情都按照礼来做,依据人性来办事。这时,《论语》里面讲的"礼"就变得很重要,正如孔子说:"生,事之以礼;死,葬之以礼,祭之以礼。"(2·5)其实人都活在礼的规范中,人不能脱离社会而独存,行为必得合乎社会规范,这种规范的设计要合乎人性,随实际情况,依不同时间、地点而有所调整。礼只是作为平时的处事原则,但这些原则并非固定不变,就像《礼记》中说:"礼,时为大。"《论语》中说:"天下有道,则礼乐征伐自天子出。"(16·2)换句话说,在一个和平统一的年代,由天子颁布礼乐,"征伐"即平乱,天子具有主宰地位,负责发号施令。在当时,天下无道,天子已失去威望,整个局面只能由诸侯来维系。在夷狄入侵时,华夏大乱,诸侯号召尊王攘夷,说是代天子发号施令,看似尊王,实是王权没落。天子不能号令天下,任由诸侯作主,情势自此每况愈下,诸侯也不得不由卿大夫当家。当时,鲁国有季氏三大家掌握国政,鲁君作不了主,很多事情被季氏把持。季氏专政后,僭越礼法,《论语》中提到的"八佾舞于庭,是可忍也,孰不可忍也"(3·1)便是一个典型的例子。因为八佾舞是天子祭天的礼仪,区区季氏居然也用这种规格来祭祀祖先,这不就是僭越礼法吗?所以,孔子批判当时鲁政失序、无礼。

孔子对时代的三大批判,是依他所学的礼,我们从他答复颜渊问仁的"克己复礼",依照古代君子要能拥有这六项技能,即礼、乐、射、御、书、数,就可得到印证。君子从学礼开始,学会如何处理事务,而学会处理事务的前提,势必要了解当时的政治制度、社会礼仪、道德规范及权宜之变。在古代,礼的含义是很丰富的,最浅层的是祭祀义。《礼记》里记录了许多孔子跟弟子们对礼的讨论,我们曾经整理过,发现礼有很多层含义。

第一,天理义。礼即理,也就是天理法则。

第二,理事法则义。规定妥当的思维与处事原则,即分辨事物的本末及其处理的先后顺序,相当于西方的思维方法与实践步骤。

第三,道德规范义。礼其实也具有某种道德规范的含义,换言之,礼之中亦蕴含道德精神。

第四,社会仪文义。社会仪文相当于现在的国民生活须知。

第五,政治制度义。古代的礼就是一种国家组织的运作制度。

第六,宗教祭祀义。祭祀天地鬼神的仪式,礼敬神明。

《论语》在不同章节里所提到的礼,并不是每一处都包括这几层含义,有时侧重祭祀义,有时侧重政治制度义,有时侧重社会仪文义,有时侧重道德规范义,有时侧重如何做事的理事法则义。《礼记》中对礼的界定是:"礼者,理也。"其中"理"指道理,能够把事情做好就是礼。礼的实质就是采用天理义，也就是自然法则，与天命有关。换句话说，在孔子思想里，认为这些道理都是人性的自然表现，人性来自天赋，从人来说叫作性，从天来说叫作命，因此核心观念又回归到天。我们从甲骨文中可以得知，殷时就有"帝"的概念，"帝"的概念由上帝逐步发展到下帝（人帝），比如殷商时期的君王，称帝甲、帝乙，到了周初主张唯德承受天命的观念，于是大谈"天"而少谈"帝"，所幸《论语·尧曰》尚保留商汤所说的"帝"，让我们还能窥见上古思想概念演变的痕迹。

第四节 《论语》中"道"字的含义

我们曾经对《论语》中的"道"字做过分析，发现它的含义很丰富，用作动词的"道"，有以下几个含义：

第一，作"谈论"。比如"夫子道""乐道人之善"（16·5），这个"道"是指说或谈论，喜欢谈论别人。我们在与人相处时要讲别人的优点，不要一天到晚批评别人，像子路、子贡那样批评别人，孔子就说："赐也贤乎哉？夫我则不暇。"（14·29）大意是说，子贡你贤吗？我自己都没有闲工夫批评别人。总之，"道"显然是可以用作"谈论"义的。

第二，作"导"。"道"是"导"的本字，后来延伸为开导，或者教导、指导。比如"忠告而善道之"（12·23），"道之以政，齐之以刑，民免而无耻"（2·3）。"道之以政"就是用"政"的方式来开导，那么"政"是什么呢？《论语》里讲"政者，正也"，政治是维持公平正义的，这是为政的核心，如果不讲公平、正义，就不是为政。

第三，作"治理"。如"道千乘之国"，就是治理拥有千乘的国家。"乘"是古代的车辆，一个国家备有千辆战车，代表其军队相当庞大，足以说明这个国家的实力非常雄厚，至于如何治理，则有不同的做法。

除了上述所讲，当"道"用作动词时，还可以分为"言""行"两方面的含义。作"言"时，"夫子道"等于"夫子言"，表示说出、说明；作"行"时，是指导、治理，采取行动的意思。

而用作名词的"道"，则有以下含义：

第一，指道路。这是最常见的使用含义，例如《论语·子罕》中的"予死于道路乎"（9·12），意为："我要死在路上吧？"这个"道"就是道路，类似的还有"中道而废"，也是半途而废的意思，"道听涂说"，听到什么都作传声筒，按现在的说法就是散播假消息，那是"德之弃"，也就是背离德行的行为，有德行修养的人不会乱讲没有证据的事情。"谁能出不由户？何莫由斯道也"，这里也是道路的意思。"道"从甲骨文开始就是一个象形字，在文学表达上叫作显喻，一种明显的表达方式。"道"是用来描述人们日常生活的途径，因此说"何莫由斯道也（耶）"，一定要由这个门出来，引申为行为规范的意思。

第二，指方法。《论语·里仁》中有言："富与贵，是人之所欲也；不以其道得之，不处也。贫与贱，是人之所恶也；不以其道得之，不去也。"（4·5）这里的"得之"应该是"去之"，其中"道"显然是指方法，是说要走正当的途径获取富贵，不能一看到利益就想拥有，而要考虑这是否为自己所应得，此处的"道"显然有一种规范的意义。

第三，指德行。《论语·公冶长》中记录了一段孔子评论郑国宰相子产的话："有君子之道四焉：其行己也恭，其事上也敬，其养民也惠，其使民也义。"（5·16）显然，"君子之道"就是君子的德行，也就是外在表现的内在根源。《论语·宪问》中有言："君子道者三，我无能焉：仁者不忧，知者不惑，勇者不惧。"（14·28）孔子谦称自己未具备君子三种重要的德行，即仁德、智德、勇德，这是从君子的内在德行来讲的，由德行发动行为就是道。有道、有德的人能直接作为常人参照的标准，也可指出自身行为的是非对错，正如《论语·子罕》中有言："是道也，何足以臧？"（9·27）"臧"是善、好，而这个"道"就是指德。《中庸》里面讲智、仁、勇是"三达德"，可以和《论语》中的"君子道者三"互为印证，可见这里的"道"就是德。另外，孔子还提到中行，《论语·子路》中有言："不得中行而与之，必也狂狷乎！"（13·21）《孟子·尽心下》引用这句话，不过在文字上略有差别，孔子说的是"中行"，孟子用的是"中道"，可见在古代"道"和"行"两字可相替代。所以，我们可以认为先秦时期的"道""德""行"可以互通，但事实上三者略有差别，"德"比较强调内在涵养，"行"则侧重于具体行动，"道"则意味着德与行的实践。1973年，湖南长沙马王堆出土了帛书《五行》，里面有一段话把这些概念区分得很清楚："仁形于内，谓之德之行；不形于内，谓之行。"这里指出"德"与"行"的区别。古代汉语容许一字多义，意义会随着文句脉络作出妥当的解释，所以不能执着于某一个意思，这是汉语的妙处。

第四，指礼乐。《论语·阳货》中说，孔子到了武城听到优美的弦歌声，孔子开玩笑地说："割鸡焉用牛刀？"意思是说，这不是大材小用吗？谁知子游马上接茬儿，以前听老师讲，"君子学道则爱人，小人学道则易使也"（17·4）。孔子马上说子游是对的，确实应把礼乐当作武城的治理原则。《论语》中君子和小人是相对的，具体有两层含义，一层是位，另一层是德。把君子和小人作为不同的社会阶层，不仅是位的区分，还有德的意义。君子之所以能够在位，就是因为他有德，有本事、有能力才能成为君子，相比之下，小人的德行修养远远不够。这种对比君子和小人的用法，不仅存在《论语》中，在《易经》的卦辞、爻辞里面也有。这二者在古代有统治者跟被统治者的关系。不过在孔子看来，有些统治者德不配位，所以要求君子应该要有德。因此，《论语》里面的君子就逐渐由位的概念转向德的概念，于是有德与否就成为君子跟小人的差别点。有德概念的提出，也就会有大德、小德的分别。对此，《中庸》里有个形象的比喻："小德川流，大德敦化。"《论语·学而》中有子说："礼之用，和为贵。先王之道，斯为美。"（1·12）类似的还有"天下有道""天下无道"，这些"道"都可以理解为制度、仪文。

第五，指人生的理想。用现代的话来讲可以称作价值的圆成，即人生的圆满、成就。我们之前讲过，孔子之"志于道"中的"道"是一种志向和人生理想。《论语·卫灵公》中说："君子谋道不谋食。"（15·32）"谋"是追求、思考，君子所追求的是道，他奋斗的目标其实就是道的实现，不是只谋一口饭吃，不是只为追求某份职业。从某种角度来看，君子是在追求一种事业，事业和职业是不同的，职业是为了谋生，事业是志向所在。"君子忧道不忧贫"（15·32），君子一生的忧愁是不能早日实现道，并不在乎生活遭遇穷困与否，他最关心的是道。换句话说，人之所以为人的"人"在儒家思想中有特殊意义，这个"人"不能用医学的、生物的概念来理解，儒家的人绝对是一个道德人的概念，不能从血肉之躯这种跟动物没有什么区别的层面来看待。儒家讲的人有特别的含义，这个"人"显然具有德行，只有有仁、有智慧、有勇气、有目标、有理想的人，这才是一个真正的人啊！做人不只是为了苟活，不只是为了吃饭，因为这谈不上格局，只为个人的温饱，没有更高的人生目标，所以这个"道"显然是指人生理想，比如"隐居以求其志，行义以达其道"（16·11），"贫而乐道"中的"道"的含义。《论语·微子》中也有相近的表述："可与共学，未可与适道；可与适道，未可与立；可与立，未可与权。"（9·30）这一章告诉我们要学《书》、学《诗》、学礼、学乐、学做人。"可与共学"是说能够跟朋友相互学习，不过学习的目标未必都是道，有的人读书、学习可能只是为了谋一口饭吃，并没有崇高的理想；即使想实现道，未必能够坚守得住；立足于这一点而坚持不懈，没有半途而废，这就是"立于礼""立于道"，能够树立一个奋斗的原则，这就是"可以立"，但未必可以"权"。"权"是孔子学说的巅峰，即通权达变，意思是说当人学了某个道理时，不要把它僵化地理解为只有这一个办法能处理问题，其实问题是随着不同的时间、地点的变化而不断改变的。人不能只顾着理想，如果不合乎理想就败下阵来，这样是不行的。你一旦确立永恒的目标，不达目标绝不终止，但要如何实现道，在实际行动上要懂得权变。《论语》中说："人能弘道，非道弘人。"（15·29）"朝闻道，夕死可矣。"（4·8）可见道是多么重要，它其实意味着人生的理想或价值的圆成。

第六，指学说、思想或主张。《论语·雍也》中冉求有言："非不说子之道，力不足也。"（6·12）学生听到孔子的教导，有时候也会说："老师啊，你讲的东西是好的，不是我不喜欢您讲的道理，只是我力有不逮。"子路就是这样，《论语》曾记载："子路有闻，未之能行，唯恐有闻。"（5·14）子路一闻道就尽力去落实，尚未完成，就唯恐又听到新的教导，可见孔子对学生向来有更高的期许。前面冉求的说法是："非不说子之道，力不足也。"（6·12）这个"道"显然不是指老师所说的话，而是指老师的主张、见解、学说。孔子跟曾子的对话里也有，孔子说："吾道一以贯之。"曾子说："唯。"曾子的学生就问，老师刚刚你说的"唯"到底是什么意思？曾子说："夫子之道，忠恕而已矣。"（4·15）一般人会把此处的"孔子之道"理解为孔子的形上学之道，但笔者认为"吾道"就是孔子所说的，或者是指孔子的思想、学说。"一"是一言，就是一句话，那么曾子的回答是"忠恕"，这里的道显然是指学说。

第七，指天道。这个含义的"道"经常被忽略，认为《论语》里面孔子根本不谈这个含义，其实要给予正视。《论语·公冶长》中子贡说："夫子之文章，可得而闻也；夫子之言性与天道，不可得而闻也。"（5·13）传统的讲法都是"夫子之言性与天道"，笔者的讲法是"夫子之言性，与天道，不可得而闻也"，这里显然孔子已经提到了天道。子贡亲闻孔子讲性、讲天道，这个"与"不是"和"，而是参与、配合。孔子说："性相近，习相远也。"这里也谈到了性，但在孔子晚年《论语》中只记录了子贡所述的这一章，却忽略了别处也有谈论。

《易传》里面孔子谈性，更是紧扣天道来讲的。其实天道就是天命，只是措辞的角度不同，天道是就运行来讲，天命是就命令来讲，这二者都源于天。对于天的描述有两个角度：一个是从天的只行而不言来讲，另一个是从天命的角度或是天之言来讲，是拟人之有言行来说的。从君子之言来说就是命，从行的角度来说就是道。因此，天、天命、天道，就如同君子的言语、命令、行动一样，诠释模式完全相同。

以上是笔者对道的分析。从哲学的立场来讲，道究竟是什么？其实很简单，道就是学哲学的活动，哲学其实就是学哲，不要把哲学当作诸如数学、物理学之类的学科。哲学涵盖整个宇宙的内容，所有问题都在考虑的范围内，不过其重点不是思考的对象，而是在此过程中学会思考，获得智慧。不要把道看作一个实体性的东西，道其实是一个追求智慧的历程。在我看来，抛开东西方哲学的分别，道有两个面向：道的具体化就是君子，君子法天。天的运行一方面是命（指令），另一方面是道（行动），对应到君子身上，一个是言，另一个是行，这都可以含摄在道的概念中。道有很多层面的含义，不要把它固定为某一个意义来理解，即道是一个整体的活动，就是追求智慧的活动。这一活动首先应该从反省开始，然后是厘清，接着是批判，之后是综合，再来是评价，最后是实践。哲学就是一个求道的活动、追求智慧的活动。同样，了解孔子学说，就是去了解孔子如何去追求智慧、实现智慧以及如何完成理想。

第二讲

———

孔子学说的宗旨与思维

第一节　学说宗旨的把握

大多数人在接触《论语》的时候，总希望能把握孔子学说的宗旨，于是有些哲学史家会以单一的概念，如礼、仁、道为宗旨；或以对偶的概念，如仁礼、仁义的合一为宗旨；或以道、德、仁、义、礼的概念，彼此互摄为中心；或采取系统理论还原的方式来呈现，比如"摄礼归义，摄义归仁"。其实，各种提法都有一定的依据，只不过有的属于静态核心观，有的采取互补观，有的采取动态含摄观，各个着眼点不同。由于笔者采取经义会通的方式，认为系统理论还原的提法不错，只是尚须加上"本仁全道"，因为孔子思想的终极目标是道。这个道的内涵其实蕴含忠、和、大、公、天，表现出来就是公。孔子整个思想由礼归义、由义归仁，最后是本着仁心，成全大道。

《论语·八佾》中有言："周监于二代，郁郁乎文哉！吾从周。"（3·14）这个文是礼乐之灿烂，还有"林放问礼之本"（3·4），可见礼有本和末的差别，末就是制度节文。那本是什么呢？本就是制度节文背后的精神。孔子对学生的启发、教导是本末兼顾的，他从末开始教导，最重要的是要及本。林放问孔子："礼的本是怎样？"可见这个学生的智慧之大，他不满足于礼仪、制度、节文，还要追问礼的根本。孔子对此提出了大大的赞赏："大哉问！"（3·4）这个"大"字很重要，孔子所发出的最高赞美词是给天的："巍巍乎！唯天为大，唯尧则之。"（8·19）天可以称得上"大"，地则是"至"。《易经》里面说："大哉乾元，至哉坤元。""大"跟"至"这两个赞美词在《论语》里都有。孔子继续说："礼，与其奢也，宁俭；丧，与其易也，宁戚。"（3·4）礼仪，与其铺张，不如节俭、简省；丧礼，与其办得风风光光，不如保留哀戚之心。这才是丧礼的根本，至于丧礼的各种规矩，其实是恰当地表达情感而已。礼的制度节文会随着时间、空间、资源的不同做出相应的调整，所以这个礼不是僵化的，因此孔子说："礼，时为大。"（《礼记·礼器》）

回到"大"的问题，孔子说："大哉，尧之为君也！巍巍乎！唯天为大，唯尧则之。"（8·19）古时称尧、舜是帝，称文王、武王是王，春秋齐桓公称霸，可见古代名称有霸道、王道和帝道之分，只有尧、舜能够配得上"大"和"至"，故对尧用"大"，对舜用"至"，《论语》里面，"大"跟"至"很明显都是赞美词。孔子说："君子和而不同，小人同而不和。"（13·23）君子跟小人的不同主要有两点，首先君子是求"和"而不是求"同"。"和"跟"同"不一样，可是在春秋时期这两个观念一般常常混同，不过孔子对这两个概念已作出区别。"和"强调和谐，是指不同事物之间有相辅相成的关系；"同"是有我无你、有你无我，一定要标准化，就容易僵化。"和"不会僵化，它像一首音乐，各个音调不同，但是搭配起来就非常和谐，这就是"和而不同"的境界。君子的修养中，最基本的内涵就是"和"；小人则是求"同"，和我一样就认同，不一样就排斥。所以，"和"在孔子的哲学境界中是值得注意的概念，它是其道德内涵之一。

那么，孔子的思想到底有没有一贯的系统？依据《论语》，明显有两章，其中一章，孔子对曾子说："曾参啊，我所说的道理，是一以贯之的。"曾子说："是的。"孔子出去后，门人就问曾子这怎么理解呢？曾子说："夫子所说的就是忠恕罢了。"（4·15）后世，尤其是宋明理学家，紧扣曾子的"忠恕"贯串孔子整个思想系统，这是依照曾参的领悟来说的。另一章也提到了"一以贯之"，这是孔子跟子贡的对话，子贡是言语科，擅长言谈和外交，因此，他的回答截然不同。孔子跟子贡说："赐也，女以予为多学而识之者与？"意思是说："子贡啊，你以为我是一个博学多识的人吗？"子贡说："是啊，难道不是吗？"这就是子贡说话的艺术。接着孔子说："非也！予一以贯之。"（15·3）"予"是我，孔子说自己的学识、思想是一贯的，人向来称孔门的心传是"一贯"之道，那么怎样理解"一贯"之道？历来有很多解释，粗浅的解释把"一"当作"仁"，或是把"一"当作"恕"，像曾子是把"忠恕"合在一起，也有用"诚"来解释的。

笔者对此别有领悟，其依据如下，子贡曾经问孔子："有一言可以终身行之者乎？"有没有一句话可以终身奉行呢？孔子说："其恕乎！己所不欲，勿施于人。"（15·24）孔子的"一言"可以当作一个字，也可以是一句话，比如《老子》的五千言就是五千个字，孔子的"一言"用一个字来讲就是"恕"，一般人认为"恕"是孔子的一贯之道。那么，这样理解是否妥当呢？笔者认为，对于子贡而言是对的，但是如果以"恕"来全面贯串孔子的学说，就稍微有点儿问题。有人认为"一以贯之"就是"以一贯之"，那么这个"一"到底是什么？老子曾经讲："道生一，一生二，二生三，三生万物。"孔子曾问礼于老子，这个"一"很可能来自老子的思想，是指宇宙本元的意思，后来这个"一"有了变化，孔子晚年据鲁史作《春秋》，首书鲁隐公"元年春王正月"，为什么鲁隐公"一年"会变成"元年"呢？董仲舒的《春秋繁露》特别提到，说孔子作《春秋》时已"变一为元"，不再用"一"。那"一"跟"元"到底有什么关系呢？这个问题值得深思。老子说："道生一，一生二。"在老子看来，"一"只不过是用在现象世界中第一个可言说的"有"（存有），而不可见、不可说的"有"则是"一"的本源，即"道可道，非常道"的"常道"，不可言说的"常道"勉强用一个"道"字或者一句话（言）来称呼它。"一"作为一个原则性的"有"，已经落实到现象世界中。那么在这里紧扣前面的"吾道一以贯之"，最浅显的理解就是用一言来贯串。"贯"有行动的意思，然而，曾子的理解是"忠恕"，子贡的理解是"恕"，会通起来看，在《论语》里也不外乎"仁"，所以说"一"是"仁"也，未尝不可。用形上学的话语来讲，"仁"显然偏表人道，而"元"则偏表天道，它生天生地，所以"元"的涵盖性更广，《春秋》改"一"为"元"却有经典依据，既然说"一以贯之"，就不管"一"具体指什么，总归是个宗旨，这一点可以肯定。

第二节　概念配对的分析

此外，《论语·子罕》中也有值得推敲的，孔子说："吾有知乎哉？无知也。有鄙夫问于我，空空如也。我叩其两端而竭焉。"（9·8）这句话涉及孔子的教学方法。一般人认为孔子博学多能，有学生认为孔子是无所不知的,孔子对于这样的看法有自我反省,他说自己并不是什么都知道,如果有人问他怎么种田、种菜,他就不懂。但是,既然有问于孔子,他总要给条建议,他会提供一种思考的原则。任何一件事情要怎么做,不外乎两端,不是向左就是向右,要尽力从两端去思考,推测可能的结果,看看是否妥当。"两端"就是两个端倪,要从发展的角度预测可能有两种相反的结果,然后反省到底怎么做才会比较妥当。也就是说,凡事都要从正反两面来思考,避免单方面地以为只有一条路可走,事实上还有其他可能的选择。"叩其两端"是要掌握全体的变化,事情不是固定的,往往会朝向两端发展,一般人的思考只集中于某一端,以为只有这么一条路,其实在发端之初就蕴含另外一种可能。如果在做任何事情之前,能够先从两方面去思考,加以权衡,那么就会知道自己应该怎么做最好。

孔子还提到:"中庸之为德也,其至矣乎!民鲜久矣。"(6·29)另外一个版本是:"民鲜能久矣。"我认为后者比较准确,因为重点在于"能"。孔子说中庸作为德的表现,是不是高不可攀的呢?不是的,关键在于维持长久持中,所以才说人们很少能够维持长久。德是什么呢?德就是能力,以往此句的标点都用感叹号,即中庸作为一种德行是高不可攀的啊!我觉得这里可以把它理解成问句,其实中庸是人人在日常中都可以做得到的,只是一般人很少能够维持长久罢了。换句话说,我们在做任何事情的时候,只要先从两端展开思考,就能知道怎么做会比较妥当,问题是,凡事都处在变化中,原先认为妥当的也会跟着改变,如何持久中道,这涉及功夫的问题,也就是说,你的功夫到底能不能时时维持中庸,就像《大学》里面讲的"苟日新,日日新，又日新"。"日新"是不停留在固定的思考方式上，随着时空变化加以调整与变通。其实，中道就是碰到任何一件事情时，都能以最妥当的方式去处理，问题在于能否将这种妥当的方式长时间地维持下去。

《中庸》提道："中庸其至矣乎？民鲜能久矣！"这和《论语》中的话基本相同，只是多了个"能"字，有了这个字，就显出功夫的含义。所以，我认为《中庸》记录当时的人说得比做得快，或者说得很多，做得很少，甚至只说不做。所以，孔子教育弟子："君子欲讷于言而敏于行。"（4·24）"讷于言"是君子不轻易说话，该做的立马去做，不要拖拖拉拉，否则你的行动没有结果。因此这一章很重要，针对那个时代浮夸的毛病，孔子认为做一个有德的人，不轻易说话，但听到美言，应该尽快去做。《论语·卫灵公》中，孔子有言："言忠信，行笃敬，虽蛮貊之邦，行矣；言不忠信，行不笃敬，虽州里，行乎哉？"（15·6）这一句话就是强调忠信的重要性，即使到了蛮貊的地方，照样行得通。后世对忠的理解是，臣忠于君，君要臣死，臣不得不死，但这不符合孔子"忠"的思想，依孔子本意，"忠"是由心而发、尽心尽力的意思。曾子说过："为人谋而不忠乎？"（1·4）他没有说为君谋，君只是人中的一个，关键在于有没有尽心尽力为别人做事，这是反省自我是否忠诚。"与朋友交而不信乎？传不习乎？"曾子讲的话显然是有传承的，他至少传承了孔子的忠信之教，《论语》第一章不就讲"传不习乎"吗？把"言忠信"与"传不习乎"合起来，就是曾子有得于孔子的教导，他的心得就在这里把二者完全贯通起来了。"行笃敬"，意为行为忠义而不马虎，其中"敬"有两个对象：一个是对人很恭敬，另一个是对事不马虎。即使是到了蛮貊之地，也同样需要这样的德行，反之，如果一个人没有忠信，行不笃敬，那么即使是在自己的家乡，也行不通。孔子对于君子的"德"的要求是，说话和行动结合在一起，即言行合一。

在学术上，则要博约兼顾。孔子说："君子博学于文，约之以礼，亦可以弗畔矣夫！"（6·27）"畔"是背叛，违背中道。这个"文"不只是文章，这样理解太粗浅。按周文化来讲，"文"指的是周文化的精神，也就是说做任何事情都要有合理的安排，学习掌握规章制度、遵守礼俗文化。在古代，"文"可以有很多种解释，一种解释是"经纬天地曰文"（《左传·昭公二十八年》），也就是"规划天地"，将整个大自然都经营在内。天下大乱之后，要把天下治好是件不容易的事，礼所面临的是"急世之治"的问题。这个礼跟文是相通的，只是礼作规则来讲，文作结果来讲而已。如果博学于文，那所学的知识相当多，就要有一贯的思维才行。博学就是要广泛地学习各领域的知识，但学不好就容易造成杂乱，因此还需要有一个原则来贯串——礼，所以说"约之以礼"。换言之，礼就是纲领。你可以学很多东西，从数目上来讲就是多，而"约"从数目上来讲则是一，多和一要互相配合，多而不失一，一而不泥于一，才能够展开出多来，二者结合。从做事的方法来讲，既要懂得博，也要懂得约，博和约要结合在一起，作为一种学习的方法。颜渊曾经说孔子"博我以文，约我以礼"（9·11），可见一方面要博，不过博而不失约，约也不能仅限于约，还能够展开博来，博约能够统合在一起，博约兼顾是孔子重要的思维方式。

另外，学和思也是需要兼顾的。《论语·为政》中有言："学而不思则罔，思而不学则殆。"（2·15）这句话是古今通用的。学是孔门的第一个要义，但要学的东西很多，总要有个本末先后。孔子曾问他的儿子伯鱼："学《诗》乎？""学礼乎？"他的儿子回答道："未也。"孔子说："不学《诗》，无以言。""不学礼，无以立。"（16·13）"立"显然属于行动，这跟言行合一是一致的。那么，具体是要学什么呢？学习如何成为君子。君子内含的两个面向是言和行，细分的话，所涉及的知识就太广泛了，总结一下，首先要学会说话和做事，还要学会思考（举一反三），这也就是前面说的"学而不思则罔"，"罔"可以理解为束缚、限制，只拼命学习而不懂得思考就会出问题。"思而不学则殆"，"殆"是危险，有的人走到一个极端，偏向玄思而不落实，也是走不通的。

　　学和思两方面要能够兼顾，既要亲身去学习、践行，也要会思考和变通。若问如何获得真知，依西方哲学家的说法，大体来说，经验论者认为知识完全来自经验，理性论者认为来自经验的知识不能算是真正的知识，真正的知识应该具有必然性，而必然性只能靠理性来保证，换句话说，真正的知识是靠理性推论所得。经验知识没有必然性，真知要依据理性才可靠，因为它符合逻辑规则，不受知识内容的限制。学是知识的内容，思是理性的直观形式。知识不纯粹来自经验，还有所谓理性的知识。从批判哲学的角度来看，知识含有经验内容与理性形式两个成分，缺一不可。

　　从哲学的观点来看"学思合一"，笔者认为西方哲学家康德（I.Kant 1724—1804）提供了一种知识理论，他认为所谓知识或真理有两个来源：第一个是直观，第二个是概念。有句话很有名："只有直观而无概念则盲，只有概念而无直观则空。"这和孔子的话几乎雷同，笔者因此怀疑康德是不是读过《论语》，不然想法怎么会如此一致。《论语》中的"知"有时指"识"，有时指"智"，都是致知的两面，就人文知识而言，应该兼顾学思，经验和理性不能有所偏颇。

接下来我们要讨论"德"的问题。德性就是仁跟智的合一，《中庸》里说："成己，仁也；成物，智也；性之德也，合内外之道也。"这段话非常好，"成己，仁也"，是说要成就自己就需要有仁的力量；"成物，智也"，是说要怎么样来成就自己以外的事物呢？那需要智慧，没有智慧肯定帮不了人，也不能成就任何事物。成己和成物是作为一个君子不能忽略的两个面向，这两个面向都是从性中发出来的。按照《中庸》的说法，在物曰性，因为物是天创造的，所以从天生万物的角度来说叫作命。性和命是一体两面，性从某一个角度来说就是潜能，人的潜能可以分为仁和智两类，仁属于情感，智属于理智，情感与理智是人性表现的两个重要面向。只是有人偏于情，有人偏于理，但人性毕竟还是以兼顾情理为完美。《孟子》中，子贡问孔子："老师呀，你已经达到圣人的境界了吧？"孔子说："我岂敢说成圣，我只不过是学不厌、教不倦而已。"学不厌是指孔子无所不学，从小到大每天都在学习，老了还在学习，"苟日新，日日新，又日新"，从不止息，仍感不足。这个"厌"不要解释为讨厌，此处是"餍"，即满足。教不倦是指孔子从事教学工作，只要有人来学，他都会倾囊相授，从不感觉厌倦，这是他对教学和传道的热忱。子贡是孔门的言语科，很会讲话，他说学不厌近智、教不倦近仁，既仁且智就是圣，意思是说圣包含仁和智两种德行，兼顾这两种才算完美。

从这里我们就可以知道，孔子为什么常常提到"仁者安仁，知者利仁"（4·2），同时兼举仁智。仁者能够使人安，能够帮助不安的人解决安的问题，安可不是一件容易的事情，如果一个社会能够安，那就是真正的太平，安一定是靠内心的力量去实现的。《论语·雍也》中有一段经典的表述："知者乐水，仁者乐山。知者动，仁者静。知者乐，仁者寿。"（6·23）这一章太精要了！可惜很多人只是简单读过，觉得很美、很经典，为什么呢？这段话有什么文献作背景呢？根据笔者的了解，这一章是孔子对《周易》的义理通达以后，对人生哲学方面的表述。因为《周易》就是讲人性从何而来，蕴含什么。前面讲过"夫子之言性，与天道"，这是笔者的句读，很多人把"与"解释为"和"，这个解释有些流于表面。孔子讲性的时候是配合天道的，换句话说，天道是性的本源，性是从天来的，所以称为天性，天性的内涵就是仁和智。依朱注《系辞上传》的说法，是把智归作阴，仁归作阳。对人来说，性有仁、智，就相当于道有阴阳，实质上同具一个模式。《论语》里讲《周易》是直接讲《易》理，不是依《周易》的专有名词去讲，而是通过德行修养的方式把它讲出来。"仁者乐山，知者乐水"，把仁、智对比来讲，"乐"就是喜欢，为什么智者和水会有一种感通的关系呢？为什么智者会喜欢水呢？因为水是川流不息、变化不一的，智慧也是一直处于变化中的，所以这二者之间有内在的感通。仁是永恒的，爱人也是永恒的，这种博大的胸怀像山一样崇高。我们在艺术活动中能看到，山水画可以体现人内心的涵养，而爱好山水也可以陶冶人的性情。

"知者动，仁者静"，这是通过动静概念来讲的，落实到思想和行动上，智者是智慧的流动不息，仁者是行止的稳如泰山，呈现静功修养，如蹲马步与入定，这是用动静来彰显仁、智的特质。接着就谈到效果，"知者乐，仁者寿"，智者千变万化，心情永远非常愉快，没有厌倦感；仁者安稳，表现在性命上可与天地同寿。所以，孔子实际上是通过人性的显发来阐释《易》理。

孔子在《论语》里说了很多有关德行的内容，可以二分为仁、义，三分为智、仁、勇。孔子说过："仁者必有勇，勇者不必有仁。"（14·4）因此仁可以涵盖勇。"礼"的背后就是义，"勇而无礼则乱"（8·2），只逞血气之勇而没有节制，就容易出乱子。这是告诉我们，仁、勇要跟礼相配合，因为"好勇不好学，其蔽也乱"（17·8）。

子路在孔门中具有勇者的形象，是孔子周游列国时的保镖，自许勇气十足，颇得孔子赞许。子路曾问孔子："君子是不是尚勇呢？"孔子知道子路需要被表彰有勇德，不过子路的毛病在于有勇而无礼，因此孔子纠正他说："君子义以为上。"（17·23）显然是针对他个性上的弱点提出的对治，希望他不要因为好勇而忽略了其他德行的养成。孔子说勇是必要的，但要合于义。"君子有勇无义为乱，小人有勇而无义则为盗。"（17·23）此处的君子和小人不是从修德的角度来讲的，而是从社会名位的角度来讲的，君子是统治阶级，若不考虑逞勇的合宜性，就会造成悖乱；小人是被统治的百姓阶级，若不考虑逞勇的合宜性，就会变成强盗。我们从这一章知道，君子和小人的用法不是只有德，还有位的含义，如果君子是有德的人，那怎么会无义呢？不容易说清楚，所以，此处的君子不是就德行来讲的。

另外，从文化的角度来讲，春秋时期继承了西周的礼乐文明，礼一度非常兴盛，但到了春秋末年，礼已经没有内在的精神，只剩下一副躯壳。礼的内在精神是敬，敬含摄在仁中。人不仁，徒具虚文，那是衰世的表征。用现代的话来讲，就是欠缺关怀之心，不管是对人或是自然，关怀之心施用于不同对象，就有许多不同的名称，如对至亲就称孝。总之，仁就是一种关怀意识。孟子解释，人有恻隐之心、不忍人之心，恻隐就是跟别人发生的一体感，若是对立就不会发生感通关系，不会有视人如己的感觉。那视人如己的感觉从何而来呢？孟子以天生的一体意识来说明，别人的苦痛就是我的苦痛，这种意识就是不忍人之心，就是一体感通的精神。从某个角度看，这也就是人之所以为人的可贵之处，人因性而有情，情显好恶，好恶说明对人、物、环境具有感通意识。仁表示人与人之间的温暖，一个人活在这个世界上，如果没有一点温暖，只有冷冰冰的理智、知识，还能活得下去吗？还能活得愉快吗？这个"仁"的含义很深，就文化来讲，礼是指人与人之间互动的规范，它包括法律条文和许多规矩，如果仅是如此，而没有一点感通的心，那礼就成虚文，表里不一。君子个人的修养如此，文化的绵延也是一样，同时兼顾仁礼两方面才算圆满。

从君子修养的角度来讲，《论语》里面有一句话说得非常贴切："文质彬彬，然后君子。"（6·18）这表明一个理想的君子形象是兼顾文和质两方面，否则就有偏颇。比如《论语·雍也》中说："质胜文则野，文胜质则史。"（6·18）质是天生自然的质朴，文是后天学习的文明。如果只崇尚自然本有的，不考虑文明，这样会沦于野，野就显得粗俗、狂野、没教养；如果过于"文"，过度修饰，就会失去自然本质。古代史官有忠实记录历史的传统，事实上，当时的史官已逐渐粉饰成风，孔子曾说："吾犹及史之阙文也。"（15·26）此处的"史"

有某种过度虚饰的含义。作为一个君子，文是必要的教养，但要以不失本质为前提，兼顾两者的和谐，才是君子修养的完美理想。

另外，就艺术角度来看，一般人认为艺术是唯美的，跟善没关系，善是攸关道德的事情。其实从孔子的美学观来看，艺术跟道德是要结合的，不可分开。所以，文论里有一种是强调文以载道，另一种是就文论文、就美论美，前者可归宗于《论语》中孔子对《韶》乐与《武》乐的评论。《韶》是舜时音乐的名称，因为舜有能配得上这种音乐的功绩，音乐是种荣耀，可以表现舜的德行，那么《武》乐是用来表明武王的功绩。古代作乐一定是与德业相匹配的，以音乐的方式来表现、表彰王者的盛德大业。听到音乐就能令人联想到王者的德业。孔子在这一章中说《韶》乐是"尽美矣，又尽善也"，而《武》乐是"尽美矣，未尽善也"（3·25）。《韶》乐和《武》乐在艺术上都达到美的最高境界，可是孔子为何区别尽善与未尽善呢？显然孔子认为美固然很重要，但善更是不可或缺的。从孔子推赞"文质彬彬，然后君子"，以及"君子义以为质"（15·18），"文之以礼乐"（14·12）来看，孔子强调内在的德行优先，其次才是外在的文饰。所以，我们在学术上可以断定孔子承认美与善各自有独立领域，不可混漫，他不是唯美主义者，也非唯善主义者，而是站在成人的立场上，兼顾内外、文质，统合美善，恰当地说，孔子是美善合一论者。

《论语·阳货》中孔子提到文化的部分："礼云礼云，玉帛云乎哉？乐云乐云，钟鼓云乎哉？"（17·11）之前也讲过，钟鼓、玉帛等都是表现礼的工具，但是礼的表现不全在工具性上，还有礼背后的内涵。礼和乐都属于表现的工具，这对概念彼此不可或缺，讲礼的时候必讲乐，讲乐的时候必讲礼，为什么这么说呢？《乐记·乐论》中说乐是"天地之和"，表现了天地之间的和谐，那礼表现的是什么呢？表现天地之间的条理、次序、节度。乐绝对不只是论音的高低，更是论音搭配的和谐。讲礼必含乐，讲乐必含礼。孔子的高徒有若说："礼之用，和为贵。先王之道，斯为美；小大由之。有所不行，知和而和，不以礼节之，亦不可行也。"（1·12）

就君子的修养来讲，诗、礼、乐具有一贯的发展性。孔子教儿子伯鱼说："不学《诗》，无以言。"（16·13）学《诗》是人学会如何应对、如何表达的开始。"性由心发"，情受物感，宣泄之后为了不至于流荡，必须接受礼的制约，即立于礼，但是制约过度会不会失去天性呢？所以说成于乐，即通过乐教来成就天情，换句话说，要打破三者之间的隔离，彼此贯通为一。我们从这一章可以感受到，《诗》和言语有关，礼和行为有关，乐和君子的心性有关，君子能否在修养方面达到高度的和谐，就决定他是否成为尽性的人。提到学《诗》、学礼，就不得不提到《论语·季氏》这一章，陈亢问孔子的儿子伯鱼，你在老师那里有听过什么不同的传授吗？伯鱼说没有，并提到他之前在庭中遇到孔子，恭敬地趋前，孔子问他学过《诗》没有，他说没有，孔子说"不学《诗》，无以言"，他就立刻去学了，真算得上"闻斯行之"。有一天又碰了面，孔子又问伯鱼是否学了礼，他说没有，孔子告诉他"不学礼，无以立"，他马上又接着去学礼，这就是伯鱼有得于孔子的两件事。陈亢听完后，非常高兴，认为自己是问一而得三："闻《诗》，闻礼，又闻君子之远其子也。"原来孔子并没有秘传给自己的儿子，对儿子讲的跟对弟子讲的没有什么不同。孔子自己也表白过："吾无隐乎尔！吾无行而不与二三子者，是丘也。"（7·24）有人会怀疑孔子私下藏了一手，其实孔子从来没有隐瞒，把自己知道的全都传给了弟子。

第三节　两端一致的思维

孔子的思维有一共同趋向，即叩两端、致中庸，我们可以从他采用的教学方式上看出来。孔子的教学是非常灵活的，一点儿都不死板，充分依循因材施教、应病予药的原则。《论语·先进》中子路问孔子，听到一个好的道理要马上去做吗？孔子回答说，有父兄在，怎么不问问父兄就马上去做呢？冉有也问了同样的问题："闻斯行诸？"孔子说："闻斯行之。"（11·22）公西华心生疑惑，就问孔子为什么同样的问题却有截然不同的答复。孔子解释，因为冉求的个性比较畏缩，做事情都犹疑不定，容易蹉跎失时，所以我鼓励他马上去做；因为子路有"兼人"逞强、冲动的个性，事前考虑不周，容易做出后悔的事，所以我就说"退之"，让子路回去跟父兄商量后再做，可免去这股躁劲儿。由此可见，孔子对于同一个问题给学生的答复具有针对性，某种程度上，孔子有点像现在的心理治疗师。

综合前面的各种说法，我们会发现，每当遇到事件时，孔子都希望能够思虑周全，追求统合，比如兼顾美与善、仁与智。在教学上，孔子采取叩其两端的启发式教育；在为政上，孔子提出"执其两端，用其中于民"（《中庸》），通过对不同两端的权衡思考，采取最恰当的措施。《论语·尧曰》出示"允执其中"（20·1），这显然是继承了尧、舜、禹相传的心法，如果追溯到伏羲画八卦的传说，无疑地表现了《易经》的中正思维。

由此可知，孔子的实践性思维背后存在着一种"一体两端"的思维结构。所谓"一"并不是"一二三四"意义上的"一"，这个"一"体是整体，它蕴含两端，比如《易传》中的"一阴一阳之谓道"的"道"。"道"蕴含阴阳两仪交互间的相续流动，是曲线的，不是直线的，它蕴含一种生命调和的美感与思想。因此，在这个结构中要同时兼顾两端，谁也离不了谁，两端互济才能成为"中"体，有了"中"以后，左跟右就不会分离。整体的"中"不是静态的，而是动态的平衡。孔子的这种思维方式呈现在《论语》中，如果我们能掌握这种流动的、不僵化的思维方式，就掌握了孔子思维的根本原则。

孔子的思维有一个格式，这个格式涵盖了各个范畴，比如天人、仁礼、仁义、仁智，或是文质、内外、言行、知行、学思、博约等。在处理实际内容的方法上，基于经验跟理性的互参，讲求德性之知的一贯，所谓一贯就是不矛盾、阙疑去病，即有疑问暂时从缺，有毛病立即去掉，同时强调类推。具体要怎么操作呢？天和人、仁和礼、仁和义，彼此属于不同的范畴，但不管"仁礼"还是"仁义"，都是一样的，我们不要执着于内容，而要着眼于形式。在思维上，推理强调形式规则、强调类推，尤其易学是以类推为探索问题的主要方式；在实践中，都采取一种渐进的三阶式，就像前面讲到的"齐一变，至于鲁；鲁一变，至于道"（6·24）一样。

我们由此可以了解"一以贯之"的形式与内容，形式就是两端一致，内容可以分化到各类范畴，进一步总结的话，它的内容就是中道，状态就是和谐。《尚书·洪范》里面也有类似的说法："无偏无陂，遵王之义；无有作好，遵王之道。"《论语·尧曰》中尧对舜说："天之历数在尔躬，允执其中。四海困穷，天禄永终。"（20·1）"躬"是实践，"允执其中"是保持中道。"四海困穷，天禄永终"，到了天下百姓都穷困的时候，也就是你的天禄受享结束的时候，这句话的意思是说，一定要奉行天的历数去实践，不要走偏，不可专制。那么"天之历数"是什么意思呢？传统的解释是和历法结合在一起，这种解释恰当吗？有待进一步考证。笔者认为"历"是历法，"数"是天数，换句话说，"历数"就是有一个内在的自然规律，这个规律就像天的四时一样运行。春、夏、秋、冬是奉不同的天时为帝，关键是要知道现在所处何时，要有合乎时的表现，如果现在不是你的"时"，你就要退下来。这个时是天时，纯是一片公心，不是说现在为天子，就永远能当天子，而是在天时交替的时候，无私地找一个有德的人承担天所交赋生养万民的任务，这是先秦儒家相传尧舜禅让故事的寓意。

2009年出土的清华简《保训》中保存了有关舜"求中""得中"、上甲微"假中""归中"的记载，可见"中"的思想不是后世凭空捏造出来的，而是有历史渊源的。中国文化之所以为中国文化，是因为"中"继承了中华传统的智慧。有了"中"才能成为一个圆满的、有修养的人，才能维持可久可大的"道"，因此，兼顾仁智的"中道"思想才是中华文化的核心。

前面我们讲了孔子思维的基本格式，孔子自谓所说所行有个一贯的原则，总结起来就是中道思维，亦即所谓两端一体或一体两端的思维，其实这个思维最后还是要回归到人性表现上。孔子讲仁甚多，说"仁者人也"，仁成为人之所以为人的核心义，基本上以人为出发点，要显扬人性、成就人格，也就是君子，再向上就是成圣——仁智合一的境界。前面讲过，智显示礼，仁显示情，人性的圆满表现就在于合情合理。所以，我认为孔子思想的核心离不开中国文化的人本思维，紧扣情理。人本思维的特点就是和合，强调两端互济，就像高与低互相依赖，比如音乐有高有低，当曲子的高音、低音配合恰当的时候，就达到一种高度的和谐。我们之前讲过"和而不同"，和谐不等于同一。同一跟和合看起来容易混淆，实际上却不一样，同一是标准化的，和合则允许有所不同，让这些不同之间互相补足。以阴阳来说，如果采取同一的观点，要么阴，要么阳，就会导致"唯阴"或"唯阳"，可是从中国的传统思维来看，道不能离开阴阳，阴阳互动是道的流行，道本身就是一种和合的状态。如果道割裂了，就只成阳的道或阴的道，依一般的分类，以阳喻心，以阴喻物，便成了要么唯心，要么唯物，各走极端。不过，中国的传统思维是要兼顾心和物的。人是天地所生，人既有天的因素，也有地的因素。天是动，地是静，人既要活动，又要休息，两方面都要兼顾才是真实的人生。由这种思维可推定中国文化的认知规律，其认知过程强调互为主客，主客关系一直处于变化之中，没有一方永远是主或永远是客。换句话说，这种主客关系是相互依赖、相互成全的，没有主就无所谓客，反之亦然。这种思维建立在阴阳的关系上，有阴阳才有互动，才有所谓主客，彼此相互认知。所以认知基本上离不开主与客的因素，要兼顾两者。同样，在伦理上由情理出发，兼顾情与理，否则纯粹讲情容易陷入盲目偏失，纯粹依理便会失去人间温暖。所以，主客兼容、情理兼顾是人本思维的和合观。

第四节　对比中西印的运思方式

我们把这种和合观放大来关照整个世界文化，西方的思想可以说是所谓"神本文化"或者"物本文化"，要么归物，要么归神，这是采取两端择一，是一种离断的思维，经常出现冲突与矛盾。在逻辑思维上就是只承认同一律，A就是A，你不能说A非A，这就是只承认唯一的思维。万物都是个别的、唯一的，也都建立在分离的观念上，你是你，我是我，在认识论上采取主客分离，在形上学上追求唯一的实体，相信整个宇宙是从一个永恒不变的实体发展的。因此他们强调动是不可能的，唯一的实体是永恒静止的，落实在宗教上就是上帝；如果落实在哲学上，就是要么唯心，要么唯物，走入二元论。所以，西方文化的特点是分离的精神，"离"就是区隔，强调有距离、有分别，因此它要站在个体上讲，个体是独立自体，与别的个体不会是同一的，必须保持距离。这种主客分离的思维显然遵循日常生活中的惯性，是一种形式逻辑。但人是活的，一直处在迁流中，不是僵固的，明天的我和今天的我绝对不同，而且这种流动是一个整体，不能只承认某一个定点才是唯一的真实。当然，西方思想也有其发展的历程，赫拉克利特（Heraclitus，公元前544—前483）就是讲变的哲学，后来的黑格尔（Hegel，1770—1831）强调辩证思维，以运动、变化为真实。不过，西方思想大致采取一种分离的态度，采取"左右袒"，要么强调静态逻辑，要么强调动态逻辑，但中国文化思维的大宗却是动静和合的整体生态观。

我们再看印度的文化，印度文化是"梵本"的，认为宇宙起源于梵，梵是清净，修行者与梵合而为一为最高成就，显示其人生的解脱观。佛教继承它的解脱意识，但不接受它的梵本论，而宣扬自己的因缘论。由《阿含经》的因缘观发展到《般若经》所讲的空观，其实空与因缘都是对同一事物的不同表述而已。从肯定面说"有"，任何事物都由因缘和合而生；从否定面说"空"，任何事物就没有终极本质。在诠释空的时候，特别彰显清净的超越性，要摆脱具体的、两端的思维。如果用西方的思想来看待，它就是要把这两方面都要否定掉，这是所谓超越性思维。佛教认为宇宙的苦难都是因为执着，只有破除一切执着才能得到解脱。一切执着来自无明，无明是造成人生轮回痛苦的根本原因。那么要如何才能够跳出轮回，脱离苦难，去除执着呢？要有一种空的智慧，要洞察到任何事物都没有固定、永恒的本质。顺着常识，以为事物都有本质，殊不知那是人类思维的构作物，当下就是无明的发端，因此要把初始无明去除掉，一直破除到无所破除，超越到无所超越，甚至连"空"这种思维本身也要扫荡掉，直达一念不生，才算真空。由此我们可以看出，印度传统文化在认识上采取了一种非主非客、超越主客的解脱思维。

如果我们把人类伟大文明中的三种基本思维方式做个对比，就能够看出隐含在不同文化中的基本原则。这个基本原则有三种具体表现。中国文化就是人本思维，主要是人的文化而不是物的文化。我们讲的这一套哲学和语言，描述的都属于人世间发生的事情，目的是要指导人类，若把物本思维用到人身上，那是对人的藐视，等于以牛羊眼看人、待人，视人如物，那不是完全颠倒了吗？人应该用人的方式来对待。但从另一个观点，人毕竟是人，不是神，用神来对待人，会把人看得太高了。儒家采用的是人本文化，基本精神是讲究情理，彼此尊敬，相互扶持，强调和合。但西方人对此难免有不同的看法，西方哲学史的唯物论和唯心论彼此长期对立，左右摆荡。而印度文化则要超越对立与烦恼，进入心灵的寂静。那么，这三大方向到底哪一个是对的呢？如果要活在现实世界中，就得承认人的文化表现。一方面，我们不能忘记人是生命体，那人是否只是生命体呢？好像也不是，人还有意识、美感、艺术、道德、文化、宗教等思想，这才是人的独特之处。另一方面，人毕竟是人，不是上帝，所以西方文化蕴含彼此对立的疏离精神，是个文化问题。当前西方人对自己的文化越来越了解，懂得不是只有对立，还应注重和谐，能够了悟这一点，那么未来世界的文化还是可以回到人的文化。问题是人有痛苦，想要完全免除痛苦很难。依我个人的体会，中国的和合思维（both A and B）、西方的离断思维（either A or B），或是印度的超越思维（neither A nor B），这是人类在不同时空下展现出来的三种思维方式。问题在于，如果我们生活在人世间的场域里，那么采取和合的举措是适宜的，当不能保持和合而陷入混乱的时候，暂时离断是必要的，当面对痛苦时，超越的思维同样是必要的。因此这三种形态的思维都是从人性出发的，目的是要回归到人性：你究竟希望成为怎样的人，这决定了你所采用的是哪一种思维方式。我们在这里通过一种更宽广的文化思维方式，来凸显中国传统思维的特点，由此来揭示孔子哲学在其中的核心地位。

第三讲

孔子谈人学

第一节　人是待成者

　　孔子对人是什么看法？谈论这个问题，有科学、哲学与宗教三条进路，而孔子的人观基本上是哲学的进路。我们就将孔子与人有关的各种见解整理出来，其中最重要的是人格的表现，人格的表现具有品阶性。人在修德的过程中，怎么做才是合乎伦理的呢？在人生实践的过程中，会逐步产生一种成德的功夫理论，有什么样的功夫，就有什么样的德行，德行达到最高峰，也就达到了人生的最高境界。人学是反省人生过程的学问。我之前说过，哲学没有固定的内容，但它需通过一连串的思考，在思考过程中首要是反省。人在表达过程中常各说各话，出现了语意混淆、观念不清楚的问题，于是需要对这些问题进行澄清，这是哲学活动的第二步。接着就是批判，毕竟每个论点各有所见，各有各的有效限度。所以，批判之后需要进行更全面的综合，对人的认知对象做本质性了解，可是人不只有知识性理解活动，还有价值性评价活动。评价活动之后，便落到如何实践价值的问题。其实，中国哲学比较偏重于评价和实践问题的探讨。孔子一再提醒，人不只是生物，基本上是从"仁者人也"这个角度对人进行解读，把仁、智当作人的重要潜能，需要通过伦理教育、文化涵养、修养功夫等自强不息的努力，潜能才能成为人生的终极目标，由此获得至乐，所以说

"知者乐，仁者寿"。从哲学的角度来说，对人生有一种通透的了解，这是件多么快乐的事情！这种了解的层次有高低之分，其实科学的了解是低层次的，不管是从医学或是心理学去研究，都是把人当作客观具体的对象。这种研究尽可能排除主观偏见，坚持价值中立的立场，对我们所观察的对象做出如实的认知，这是求真的科学态度。

从科学的进路来看，人究竟是什么？人是一个具体的对象，甚至人的心理活动也具象化，比如现在的行为心理学就是要通过人类的刺激反应来解读。传统的心理学本来跟哲学合在一起，现在的哲学却在反省科学研究的方式，把哲学跟科学逐渐分开了。传统心理学的科学化强调客观化，尽可能排除主观因素的影响。而事实就是，科学所要掌握的要点，用这种方式来了解人，显然把人看作一个客观、具体的存在。很可惜，人的具体活动只是低层次，更高层次的还有人文、宗教等。

从宗教的角度来看待人，说人与上帝之间有一种冥契的关系，是一种随着宗教信仰而来的深度体验，人会逐步与上帝合而为一，或是跟上帝之间有深层的沟通。事实上，这种体验不是人人都有的，无法排除其特殊性。

从哲学的观点来看，人能够反省语言的表达以及道德实践，会是一个统合变化的过程。在这个过程中，我们显然不能用"是什么"来界定一个人，这种看法是固定的、僵化的。人要回归于人本身，人是个有待完成者，不能下定义，否则就把人僵化了。人是拥有一切可能的存在，一直在变化中，人会随着深切的认知、不断实践而改变。

德是人的潜能，它包括知识能力、道德能力，还有彻悟宇宙本体的能力，它涉及人生意义的问题。世界上有的人追求温饱，有的人追求金钱，有的人追求美感，有的人追求道德，有的人追求更高层次的体验，乃至达到圆满人生的至乐境界。快乐也有很多种，有感性的快乐，有知性的快乐，也有高层次的理性快乐，比如美感的快乐、道德的快乐，再比如，帮助他人会获得内在的喜悦，在学习过程中会获得不断提升自我的快乐，等等。《论语》中特别提到，朋友之间相互沟通和学习能够带来很大的乐趣。"学而时习之，不亦说（悦）乎"，学习能带来快乐，说明人生充满进取的意义，人活着有目标，每一天都不会有倦怠感，能够兢兢业业。孔子说"吾十有五而志于学"，就是因为有志，所以人生不再彷徨。"志"是行动的开端，由修德到拥有德，并展现其能力，进而把这种快乐带给整个人类社会，这是一种圆满人生的完成。孔子当时所面临的是一个礼坏乐崩的时代，文化堕落，人格卑下，社会混乱，人心不安。那么，如何转危为安？如何让整个社会由乱变治，进入富强康乐，甚至达到高度和谐的境界？社会必须讲求公理，人人都有自己应该做的事情，并能按照自己的方式去做，这是一个人之所以为人的根本，人不能只完成某种义务，还要做一些超义务的事情，这叫作自我奉献。

对此，我们再从哲学的进路来做一些补充，人是理性自觉中的实存，实存是借用存在主义（Existentialism）的概念，人并非抽象的存有，而是实际且具体的存在。作为一种考察的出发点，把人看成具有某种理性的存在。西方哲学强调理性，把人讲成伦理的存有者，像卡西勒①（E.Cassirer，1874—1945）用象征（symbol）来表明人的特点，

---

① 卡西勒：大陆译为卡西尔。

人之所以为人就在人懂得运用象征，这在华夏文明中就如同仓颉发明文字，奠定人文化成的基础，成了历史的创造者。人到底是什么呢？其实不能用人的某个阶段的状态来下定义，与其说人是什么，不如说人一直是待完成者，应该问人可能成为什么。我们先从《论语·雍也》来了解，孔子究竟对人采取怎样的看法。孔子说："人之生也直，罔之生也幸而免。"（6·19）换句话说，人能够活着，基本上是顺应天性；如果不顺着人生的正道而行，即使活着也是侥幸。人能够在世间平平常常、快快乐乐地活着，关键在于天生直道而行，这就是人生，从本质上说，也就是顺着人性。性的本义就是生，"生"加上"心"就是"性"。宋明理学家看人是从"心"来看，不只是从血肉之躯的"生"来看。所以，人至少有两个方面：第一个方面是心，第二个方面是生。儒学把人界定为仁，仁是人存有的本质，根据近年来出土的帛书，我们发现古代"仁"字的写法，上面是"身"，下面是"心"，两部分合成一个字。古训仁为人，身心合一才是完整的人。身在上，心在下，这和《易经》中的《泰》卦有关。《泰》卦表示"地天泰"，地代表落入形象的物（身），天代表无形无象的精神（心）；物（身）有下坠性，追求安逸，心有上扬性，恒动不已，天生下上之气交合始成人，不交合便相背离，不成其为人。所以，人天生为身心结构所决定。人在生物活动的过程中，随着身体的进化而进化，心灵主要看个人的涵养和德行。"人之生也直"同时蕴含身心两个方面，这个"直"就是顺应天性，顺应人的生活、生命。《论语·述而》中孔子有言："天生德于予，桓魋其如予何？"（7·23）孔子周游列国，从曹国往宋国去，在宋国时，他与弟子在一棵大树下学习礼仪。宋国的司马桓魋想杀害孔子，把树砍了，不让他在那里讲学。面临这样危险的情境，子路等都劝孔子快走，孔子回答了上述那句话。其中"德"有能力的意思，孔子表明自己有仁、智、勇三达德，是天赋予他的，天在守护他，桓魋又能对他怎么样呢？从某种角度来看，此话显出孔子的使命感，同时也是一种自信。自信的关键就在于德，德有天生的，也有后天的，培养乃进而合乎天德。用庄子的话说，就是达到天人境界；用儒家的话来讲，就不只是君子，还可以达到圣人的境界。所以，从这一句可以看出，人绝对不只是生物，身体是天生的，可是不要把人看小了，人还有德行，这也是天所赋予的。德作为一种潜能，每个人天生内在的成为人的性就相当完满，只是在发展时会受到形体、智慧、努力的影响罢了。

人性的发展在《中庸》中有详细的说明，《中庸》相传是孔子的孙子子思所著，继承了孔子晚年的性命理论。人之性由天所赋，那么人要如何充分实现和开展原有的性呢？这就是《中庸》所强调的尽性理论，这一理论在孔子那里点到为止，但子思做了后续的发挥。孔子对人性的讨论有一个经典的说法，就是"性相近，习相远也"（17·2），一般熟悉孟子、荀子的人都会知道他们各自坚持所谓性善论、性恶论。那么，很多人就会问：孔子对人性究竟做了怎样的论断呢？如果从现有的《论语》记载来看，孔子只提出了"性相近"而已。"近"表示每个人的本能都是天所赋予的，大体上相近，比如人都有身体和心理活动。孔子也不否认有一些人的天赋特别好，人与人之间存在微小的差别。孔子的意思是说，人出生时天赋相近，后来才显出个性的差别，发展的好坏涉及环境的左右，所以说"习相远"。

换句话说，人类天生的能力是差不多的，可是人之所以成为某种人，跟他后天所处的环境和自身的努力有密切关系。为什么《论语》里面常常有君子与小人的对比？为什么有人始终是小人，不能变成君子或大人呢？理论上说，人的发展都由小到大。人一出生算是小人，后来有人不满足做小人，通过学习求知，不断增加德行，将天赋的潜能充分开发出来，这叫作尽性，即自我圆满的实现。不过，这个过程不易，只靠自己的人很少，大部分人都要互相扶持，有好的家庭教育，有好的师友，加上好的环境，才能不断实现自我，达到更圆满的人生境界。

人有身心两个部分，心表现心灵的活动，比如思考、反省、求知。《论语·季氏》中孔子说："生而知之者，上也；学而知之者，次也；困而学之，又其次也；困而不学，民斯为下矣。"（16·9）这一章孔子描述了人的学习、求知的过程，可分为上、中、下，或更多等级。由无知而不断求知，孔子不否定有生而知之的人，但大部分都是中根之人，也不排除有一些下根之人，说明天赋是有差别的，人性的潜能虽禀受于天，但发展的能力却有上、中、下的差别。有的人天生有慧根，能举一反三，平常人能举一知一就不错了，可是有的人怎么学都难。但没关系，刚开始无知或少知的人可以不断学习，在孔门里面，学习是一个人能否转变的依据。好学可以从无知逐步发展到有知，然后有智，能判断什么该做，什么不该做，以及怎样做才能达到更高的德行。最怕的是困而不学，无知处处受困，又不知上进，自甘堕落，"斯为下矣"。"我非生而知之者，好古，敏以求之者也"（7·20），这是孔子的自我描述，但弟子和世人都说孔子是"天纵之将圣"，说孔子天生智慧高，但孔子自己却不这么认为，只自称"好古"，都是后天敏求得来的。表面上看，"好古"是对古代历史、古代人物比较感兴趣，想要获取有关人物的历史知识，但我觉得"好古"是指好"古道"——历史背后的永恒道理，人之所以为人，终究想要追求圆满的境界。尧、舜、禹为什么懂得天下为公？把天下看作是大家的，自己只是暂时为大众服务，不把天下当作私产，这就是尧、舜、禹的伟大之处。毕竟生命是有限的，到了某一个阶段就需要找后继者，找到一个贤能的人，并且勇于让贤。尧、舜的禅让政治是中国政治的最高典范，之后就是把天下当作私产传给子孙后代，结果越传越糟，造成家天下的大问题。孔子所好的是古道，指亘古不变的永恒道理，能够经得起历史考验的正道——法乎天地之道。天有不忍人之心，让每个人都能够得到全面的发展和快乐，这是天地创生万物的本意。每个人都拥有天性，需要适当发展，所以叫"天生、地养、人成"。"人成"从政治上是指天子替天行道、照顾百姓，要让天下每个人都得到发展，充分实现自己的潜能，这是伟大政治家的责任。"敏以求之者也"，特别强调行动，知道了就马上去做，不要只说不做，所以能否成就事业和德行，还取决于"敏"的功夫。

颜渊问怎么行仁，孔子说："克己复礼为仁。"落实细目为："非礼勿视，非礼勿听，非礼勿言，非礼勿动。"颜渊接着说："回虽不敏，请事斯语矣。"（12·1）"不敏"是他的自谦。敏就是反应快，知道了立马去做，成德就在"闻斯行之"的实践上。

之前我们讲过，子贡说："夫子之言性，与天道。"孔子到底有没有谈论天道？答案是肯定的，这一章恰恰说明人性不脱离天道，并且还要顺应天道。"与（yù）"是配合，配合天道来谈性，这在孔子诠释《乾》《坤》两卦的《易传》里讲得非常清楚。《论语》的确代表孔子的思想，但言性的部分只有两三句，其中隐微的部分还是需要《易传》来补充，如果只抱着《论语》是很难了解的。子贡说："夫子之文章，可得而闻也；夫子之言性与天道，不可得而闻也。"（5·13）很多人用这一章来说明孔子不谈天道，其实反而证明了孔子确实谈过天道。既然孔子谈过天道，那依据在哪里？就在《易传》中，所以研究《论语》就得参考这份资料。

一般说到"文章"就想的是经典、知识或礼乐制度，朱子就是这么讲的。但是《论语》不止一处讲"文章"，孔子也用"文章"赞美尧，尧的年代哪里有《诗》《书》《礼》《乐》呢？所以，在《论语》里面出现的"文章"，我们绝对不能用后世文章的含义去理解，应该了解当时的语境。"夫子之文章"的"文"是周文，周文是一种礼乐的教养，"章"是彰显，所以"文章"意为文德昭著。孔子为何会文德昭著呢？因为他好学，"博学于文"，既有能力，又有智慧。孔子说三个月就可以把某个国家治理好，在这方面他颇为自负，这种自负的根源就是他自信有"文"的能力。所以不要把"文"当作文章，其实"文"是规划，《左传》说"经天纬地曰文"，自信能够把事情充分规划，进而圆满达成。所以，"文章"是指孔子的文德昭著，不是指孔子谈论文章。子贡是说，夫子一生的德业可得而闻，夫子有关配合天道谈性的理论不可得而闻。"不可得而闻"，一般认为这是说不能了解，笔者认为不是这样的。子贡讲这句话最可能的时间是在他庐墓六年期间，平常守孝都是三年，但是子贡心丧加倍，加上他的家庭条件比较好，有经济支持，同时又非常崇拜孔子。在此期间，各地的弟子都去祭拜孔子，在同学聚会上，论起孔子生前曾讲过性与天道的理论，晚期学生有幸聆听，早期弟子从未听过，于是引起争论，子贡便站出来说："夫子的文德昭著大家都晓得，夫子谈论有关性和天道的关联就不晓得了。"所以"不可得而闻"的"闻"是"晓得"，不是"听到"，如果没有听到，子贡怎么会记录这一章呢？因此"闻"是理解、晓得的意思。通过这种解读，我们就更能理解孔子的"文章"，以及如何在晚年"赞《易》，作《春秋》"，达到参与天地的境界。

《中庸》有这样一句话："为政在人，取人以身，修身以道，修道以仁。"仁是修道的一个重要的入手处，就实践的角度来看，道显然是一个整体的概念，人法天道为人道。子思在《中庸》里说："诚者，天之道；诚之者，人之道也。""诚之者"的"之"是指"诚者，天之道"的"诚"，诚是天之道，人就是诚"诚"者，要把天道之"诚"实践出来，也就是把天所赋予的特质充分地显现出来，子思用了"诚"字，这是他所领悟的。《论语》里面当然也有"诚"字，不过不是哲学术语。《论语》里面出现最多次数的应该是"仁"，据统计有一百零九次，它的字义都是随着不同的言语脉络来呈现的，若说仁是道，那"修道以仁"就成了"修仁以仁"，这样虽没错，可是为什么用"道"呢？显然这个"道"不只是仁，不然孔子不会说："君子道者三，我无能焉：仁者不忧，知者不惑，勇者不惧。"（14·28）这个"道"蕴含智、仁、勇三个含义，"仁"只是修德的一个核心点。"仁者，人也，亲亲为大"，那么仁要怎么样去实现呢？一个人生下来就在一个家庭中，"亲亲"是入手处，不亲自己的亲人，不孝自己的父母，不照顾自己的朋友、兄弟，还能够入德吗？所以说"亲亲为大"。

仁之外又谈到义，义是什么呢？义提供了一个"正"的标准，可是"正"有时间性，这个标准是变化的，否则就会不适宜，所以，义的本意应该是合宜。把合宜性制定成规则，这就成了正、义，以《易传》来理解的话，"义"就是该怎样就怎样，这个"该"涉及时间和场合，要随时空而变，比如《论语》中讲到夏代的礼在殷代就不能用了，因为朝代不同，礼当然不一样，所以殷代要用殷代的礼。到了周朝的时候，前面夏、商两代的制度也不能全用作周朝的制度，礼仪和制度都随着时代变化而有所损益，损益的目的就是要合乎义，损益求中。我们在某一个特定时间内应该这样做，就叫作义，那么义落实在人伦上就是尊贤为大。知道别人的德行比自己高，进而懂得尊贤，这就表示你心中有德，懂得向别人取法，这样才能够成为有德的人。所以这个"大"意味着入手处，懂得尊贤、亲亲，就进入了修道之门。"亲亲之杀"，"杀"读shà，意为等差，"亲亲"呈现伦理亲情的厚薄。比如丧服有服制的差别，父母去世的话要守丧三年，有的人去世守丧一年，有的则守丧九个月、七个月、三个月不等，有这样的差别是区别亲疏远近。礼要显示区别，这一点非常重要，因为服制代表家族伦理的差别性，要共同去认识、实现它，才是有礼。"尊贤之等，礼所生也"，这是归结礼仪产生的理由，是从亲亲、尊贤表现出来的。这一章很值得注意，政治问题的关键就在于领导者，领导者究竟要怎么样才能够做好？这跟领导者本身有关系，同时要找好接班人，要懂得"取人以身"，就是说要用什么样的人，这个标准要套用在自己身上，因此要"修身以道，修道以仁"。

从《论语》相关文句做个推定，"性"在孔子的语境中就是"天生"的意思，这个"天"是指什么呢？可以指天道或天命，简单来说就是命，《论语》中出现的天道、天命是同一回事。上次讲天道是天之行，而天命就是天之意。天意强调天的心理方面，天命强调天的言语方面，天道强调天不言而以直接行动表示。孔子在《论语》中提到"君子有三畏"（16·8），首先就是"畏天命"。"命"的意义很广，它有天所赋予人的指令、任务，因此就含有受命运限制的意思。每个人的性都是天所赋予的，我们要存有敬畏之心，不要小看，应该充分发挥自己的天赋，在《中庸》中就叫作"尽性"。天生的人性是相近的，为什么后来却产生天差地别呢？这与后天的学习有关，所谓"近朱者赤，近墨者黑"，大家都很清楚这一点。

前面谈过天性蕴含仁、智、勇的潜能，但呈现却有上、中、下的分别。《论语》里讲"仁者必有勇"（14·4），勇蕴含在仁中，这是分开讲的，跟总括讲得不同。那么性出自天道，当然是正直的，但扭曲后则不正常，容易造成迷惘。人首先要顺着天性去发展，除此之外，还需要通过后天学习知识，这对于绝大部分人是必要的，大家不可能天生就聪明，连至圣孔子都自认为他的知识是来自后天学习的。具体要怎样学习呢？就是永无休止地努力。《中庸》说："人一能之，己百之；人十能之，己千之；虽愚必明，虽柔必强。"这个说法很有意思。

我们可以将"仁者，人也"与西方的亚里士多德（Aristoteles，公元前384—前322）对人的界定做个对比。亚里士多德将人定义为"理性的动物"，"理性"在古汉语中是"智"或者"知"，"知"的含义更广，有知识、有理性的意思，亚里士多德认为"知者，人也"。我们很熟悉《论语》里面讲的"仁"与"智",其中"智"不只是理性、理智的意思,它还有一层"自明"的内涵。"知"是知外,"明"是自知,要自我了解,这是更高的功夫。

第二节　人格品阶论

孔子提示我们,在修德的过程中有所谓"格",也就是人格,它可以分成各种类别。如果说德有两阶,就是小人与君子;若说是四阶,就是从小人到士,到君子,再到圣人。但细说的话,则有六阶。

第一阶是"斗筲之人"(13·20),不如小人。

第二阶是小人。"小人"具体是如何"小"的呢?"言必信,行必果",这就很奇怪了,人人都要守信才对。但如果"信"是僵化、固定的,也就是所谓"必",那就有问题了。讲话守信用没有错,但是要合宜;如果不管合宜与否而一味守信,那"信"就会僵化而离开了道。"行必果"也一样,不是说人不该果断,而是说果断要合宜才行。

第三阶是能"入则孝,出则悌",能够行孝悌的人比小人高一些。

第四阶是再进一步的"士",能够"修己以敬"(14·42)。一般把"以"解释为"用",用"敬"来修己,另外还要"行己有耻",或者"使于四方,不辱君命",这是"士"所拥有的质量。

第五阶是由"士"提升到"君子",即达到"修己以安人"的境界。

第六阶是提升到"修己以安百姓""博施而能济众"的圣人境界。

这里三段话中涉及的"以"字,究竟如何解读呢?我觉得把

"以"解释成"用"不是很妥当，应解释成"而且"，古代的"以"与"而"是通用的。由此说来，从士、君子到圣人，其实都是君子，都以"修己"为功夫，但除此之外，还要能"敬事"，"士"是做事、行事谨慎不马虎的人。君子则是在修己的同时能够安人，这个"安"当动词讲，能够"使人安"，至于"安百姓"就更宽广了。

由此看来，不论讲"两阶说""三阶说"，还是"六阶说"，德行的进阶其实只有一种权宜设施。所谓"阶段"，只是在实践过程中显出差别，这种划分具有随意性，没有唯一的标准，所谓"位阶"也不过是为进德方面而安立的，没有必然性。

季康子曾经问孔子，如果为政者"杀无道，以就有道"（12·19）会怎样？孔子说："统治百姓怎能动不动就用杀呢？如果上位者起心动念均怀有善意，老百姓自然就会跟随，上位者好比风，老百姓好比草，风向哪边吹，草便往哪边倒。"这是讲为政者的管理手段，采取杀禁威吓不如德行感化来得自然有效。

《论语》里面提道："君子义以为质，礼以行之，孙以出之，信以成之。君子哉！"（15·18）这一章讲的是君子的入门。君子之所以为君子，最重要的是以义为本质，懂得义之后，还要依礼而行，表现出来谦逊的态度，最后完成自己的承诺。另外一章说："君子求诸己，小人求诸人。"（15·21）这也是讲君子修养的门径。所谓凡事先求诸己，这个"求"可以有两种说法，其一是要求，君子总是先要求自己做到，再要求别人；小人则是自己没做到，却还要求别人。其二则是责备，君子一向严格要求自己，反躬自省；小人却把力气用错了方向，总在责备别人。

第三节　君子与小人的对比

我们对《论语》各个章节进行对比，就可发现孔子在谈论人格的阶层时，常常将君子与小人进行对比。如果归纳的话，就像君子"上达"，小人则"下达"（14·23），"达"是通达、明白，"上达"即往上发展，这可以有很多意思。譬如"谋道"，"君子谋道不谋食"（15·32），而小人则谋食，没有理想、没有志向，只为了存活而已。从我们前面所提到的人的身心两方面来看，强调"身"的为小人，反之，强调"心"的为大人。心的方面涉及"上达""谋道""怀德"一路，而身的方面则是考虑欲望、财货等有形的东西。

现在我们可以归纳其要点：君子"上达""谋道"，不断追求实现道；"怀德"（4·11），拥抱德行，因为失去德就不能成为君子，这是修养功夫的入手处。另外是"怀刑"（4·11），这个"怀刑"有很多争议，有人认为既然君子是上位者，"刑"就应当解作"刑罚"，操持刑法来驾驭百姓。我认为从相关脉络来看，不如把"刑"解为《诗经》里"刑于寡妻"的"刑"，就是典型的"型"，有型范的意思，君子心怀圣贤，所以是"怀型"，而不取"怀刑"的字面意思。在《论语》里也有相对应的一章，"怀德"与"怀型"应该同属一类。所谓"喻于义"（4·16），"喻"是明白，也有解作初心，即碰到任何事情，首先涌现的是"义不义"这一念头，当然能够"通晓"就更好了。前面已经讲过"君子求诸己"（15·21），此外，君子的心是"坦荡荡"（7·37）的、大公无私的，没有任何隐瞒，一点拘束都没有，这就是

"直道而行"的结果。君子"泰而不骄"（13·26），"泰"是舒泰，不会显出骄傲的姿态，如果有骄傲，就是自以为了不起，舒泰则是没有任何自负的表现。

接着是"君子周而不比"，小人则"比而不周"（2·14）。"周"与"比"之间存在对比关系。"周"是周全，做全面的考虑，而"比"是"靠边站"，流于偏私。君子就事论事，考虑的是整体，所以"周"是圆满的意思。处处都能够考虑全面，就叫作"周"。如果考虑得不全面，怎样高兴就怎样，其中掺杂个人的私利，或者有党同伐异的心，那就是"比"。再说"和而不同"（13·23），这是君子与小人的一个重要差别，君子求和而不求同，"同"是标准化、一律如此，只认同跟自己的想法相同的人，不知尊重每一个人是不同的个体，各有各的想法，其间通常不存在哪一个对，哪一个错。若知尊重他人，承认大家都对，那就体现了彼此之间的和谐。比如，音乐的本质是"harmony"（和谐），里面有高音、有低音，二者彼此和谐，而非高音排斥低音，低音排斥高音。所以说，"和"就是道的理想状态，天道就是太和，而人能够达到中和，"发而皆中节谓之和"，每一个行为都合乎礼节就是"和"。《中庸》解释"和"，意味着一种处世的态度，或者说追求的境界。君子"矜而不争"（15·22），矜持没有错，意味着有所不为，对可得之物不会争先恐后地以夺取为目标，而会有该得与不该得的考量。另外，君子"群而不党"（15·22），这可与"周而不比"对应来看，"群"是集体，"党"则是偏私、搞小组织。君子不搞小组织，而是考虑群体的周全，毫无偏私。

至于"贞而不谅"（15·37），这个说法很有意思。"贞"是正，行为从是否符合大道来考量，该怎样做就怎样去做。"谅"是小信，所思考的是信守自己一时一地的承诺，没有考虑更重要、更宽广的道德层面。君子行事求大而不慕小，从义而不泥固。儒学里特别在意"大德""小德"的修养，因为它由此区分"大人""小人"。《论语》里通常对比君子与小人，至于大人怎样，没多说，只说是君子所敬畏的对象，那应该是大德中居高位的人吧！另外"成人之美，不成人之恶"，显然也是君子之道。美跟恶在《论语》里是对举的，《道德经》也同样，可见这样的措辞在那个时代是共同的表述方式。所谓"成人之美"，就是协助人、成就人的善行或好事，而不去干扰与打压。小人有嫉妒心，君子则没有，君子认为只要是善的与好的，即便不属于我，也愿意成就别人。这里君子就是仁者，仁者拥有"视人如己"的胸怀，所以能"成人之美"。回头再看孔子对于小人的说法，他说"小人下达"（14·23），愈趋下流，或者说小人只知道低层的价值，无法体会高层的价值，所以"上、下"可以看作价值认识的等差、价值品位的不同，小人永远只知道小的、局部的、下层的部分。显然，君子所认识的世界是比较开阔的。谋食也是，一般人只从"身"的角度出发，为了吃饭而拼命工作和赚钱，以为钱赚得越多越好，储蓄额看起来永远不够多，终其一生都在为金钱劳碌，忽略了除金钱之外还有更大的事情，这不是说金钱不重要，但如果只停留在这一层次，就不得不说其见地实在太小，因为他的价值认识永远停留在低层次上。

"小人怀土"（4·11），老百姓们一生谋求立足之地，安土重迁，比如想要买栋房子终老，可是君子谋道而不谋食，不企图一直安居在某处，所关怀的道在哪里能充分实现，就到哪里去。另外"小人怀惠"

（4·11），谁给他一点恩惠，便忘不了施恩者，因为小人所观察的是谁对自己有恩、对自己好。君子想要什么呢？要使民受"惠"，这个"惠"是要让老百姓感觉到君子所做的一切都是真的对他们好，时刻关怀老百姓的切身感受。小人只记得自己的好处，没有更远大的追求，这就是君子与小人的差别。小人与君子的不同还在于"喻于利"或是"喻于义"（4·16），"利"与"义"之间显然存在价值的等差，义是超利益的。《论语》里常常讲"见利思义"（14·12），"见得思义"（16·10），孔子虽不反对谋求利益，但得或失都要合乎义才行。当得则得，当失则失，不能只做利益的考量，而忽略合理与否的问题。"小人求诸人"（15·21），小人总是怪罪、责备别人，一天到晚害怕失去，所以"小人长戚戚"（7·37），这个"戚"可以加上一个竖心旁，就是闷闷不乐，一天到晚满心焦虑。"小人骄而不泰"（13·26），小人有一点点表现就自以为了不起，不能以平常心看待，总是四处招摇，希望得到别人的肯定，那是因为内心的修养不够，拥有一点点德就急于让众人知晓，而显出一种骄态。真正有修养的人则以心灵的舒泰为上，避免骄态、失礼。小人"比而不周"（2·14），为人亲比偏私，没有周全的考量，"同而不和"（13·23）也是一样，小人只知赞同与自己意见相合的人，没有考虑到不同的意见会促成整体的和谐。小人仅为小我而争，心态上唯恐得不到，而没有考虑到所得是否合理。不过，《论语》里并不鄙视竞争，比如射箭比赛，照样能"揖让而升，下而饮"（3·7），这才是君子之争啊！彼此之间有较劲，一比高下，还依礼而行。小人却"党而不群"（15·22），彼此拉拢、结党营私，"成人之恶，不成人之美"（12·16），见不得人家好，往往落井下石，显出自己的优越，这是小人心态的表现。我们要好好体会《论语》里对比君子与小人的各章，由此探讨孔子如何洞察人性，如何分辨人格高低，以及如何修养成有德的君子。

第四节　人生境界

孔子自述："吾十有五而志于学，三十而立，四十而不惑，五十而知天命，六十而耳顺，七十而从心所欲，不逾矩。"（2·4）若将这一章理解通透，就能知晓孔子人生境界的思想。

就我们的研究，"志于学"是指学《诗》、学《礼》、学文等，这不只是知识的学习，还要"时习之"，不断与时俱进，进行操作与练习，不能说是"时常复习"。其实从孔学的本意来看，这个"学"具有实践性。朱子说："学之为言，效也。"承认学是效法，是基础的一层，按照《白虎通义》的讲法，"学者，觉也"，学是自觉，能不能得到更高的提升，取决于是否有足够的自觉性。

"三十而立"，指的是能够立于礼、立身行事，在社会上不管做任何事，都具有充分的知识与明确的标准。

孔子说自己到四十岁才"不惑"，可见他四十岁以前是有惑的。困惑什么呢？一般不甚了了，总之是到了四十岁才拥有智，可是智仍然属于人事，还不是明白有关天的事。依笔者的理解，如果把天与人分开来看，那么孔子五十岁以前尚停留在人间，五十岁以后才涉及天界。"不惑"是指四十岁以后才不为自己的欲望所蒙蔽，放下一己私欲，才能智慧大开、洞观全局，突破这一关，而做欲望的主人，这需要有高深的修养，可还是属于人间的范畴。

孔子说"五十而知天命"，到了五十岁才体会到天命的存在，才懂得敬畏天命，进一步要顺应天命，所以"六十而耳顺"就有顺应天命的意思。可是按朱子的传统解释，"六十而耳顺"是指六十岁以后听到什么都会很顺耳，与之前的"忠言逆耳"不同，这只是一般的解释。如果对《论语》里的各种概念、语汇做系统性了解的话，"六十而顺"就是六十而顺天命。为什么会多出一个"耳"字呢？有很多种解释，其中一种是说，唐朝的时候"而"作为语气词，人们会在诵读时拉长音："六十而——顺"。敦煌本《论语》作"六十如顺"，"如"就是"而"，古音中二者是相通的。所以从整体来看，"耳"其实是虚字，表示拉长音，所以不能当实词解。如果当实词作耳朵解，就会跟道家的修养功夫扯在一起，这会想得太遥远了，还是回归到孔子的语脉比较好。知天命后畏天命，"知"后才知"畏"，"畏"后就不得不"做"，而且要高高兴兴地做，也就是"顺"。我们观察其他儒学经典里的"顺天命"也是常有的词语，所以这样解释较好。

孔子到七十岁时，才能"从心所欲，不逾矩"。我们要注意，欲望并不可怕，不要像宋明理学家那样将"欲"说成绝对恶，这不符合孔子的思想，直接说"人欲灭尽，天理流行"就太严肃了。孔门仍然讲"从心所欲"，欲望是人性的一种动力，只是这种动力要受礼的支配，要懂得"见得思义"。为什么有人即便一直想要得到，也不一定能得到呢？这是受天命的限制，如果得不到就不必勉强，否则更不好。所以，孔子说七十岁时能够"从心所欲"，可以说是一种自我的修炼。孔子三十岁时就能"立于礼"，显然"不逾矩"比"立于礼"

更难，应该是从礼回到天道。"矩"是规矩，最大的规矩不外乎天道。以前虽然顺应天道，但偶尔还是不免有所背离，到了七十岁时才达到"从心所欲"的境界，怎样高兴就怎样做，都不会违背天道，完全顺应天道而行。可见在孔子的自述中，天道的分量很重，如果否定天道，那孔子学说大概只能停止在"四十而不惑"的阶段上，也就不能了解孔子五十岁到七十岁时所达成的心灵境界。我们从这一章中，可以体会到孔子的一生是不断奋斗的，他从十五岁开始，每十年就有一番精进，又是一番新境界，这种自强不息的精神，以《易经》来讲，就是《乾》卦的精神："天行健，君子以自强不息。"天行就是天道，不仅"不逾矩"，从反的方面讲是不违天道，从正的方面讲是效法天道。按《大学》的说法，就是"苟日新，日日新，又日新"。"日新"是日新其德，"德"就是"健"，就是勇猛精进。孔子七十三岁过世，通过努力获得如此高的智慧，成了"先圣"与"至圣先师"，然而现代人的平均寿命高达七十岁，活过八十岁也很平常，甚至活到九十、一百多岁，如果我们能自强不息、不断修德，所成就的境界一定会更高，不会以孔子所达的境界为满足。孔子一生不断追求进步，不断提升自我，追求拥有天德，所谓"天生德于予"，这是天赋予孔子的，他永远与天相配合，天是他的模范，这是一件多么了不起的事情！

我们由这一章可以了解到，孔子通过人生实践来证明自己建构的一套仁学体系，这是多么精彩！孔子志于学、志于仁、志于道，这在《论语》中都有体现，他一开始学《诗》、学《礼》，再来是体仁，最终追求道的实现——"老者安之，朋友信之，少者怀之"，这不是一个空概念，而是对理想社会的具体实践。

孔子所谓"学"，到底所学为何？从所学的对象来看，有所谓学文、学《诗》、学《礼》、学《易》、学道，等等，这些都是学成为人的内容。如果人生没有意义，人就不知道该怎样活，每天活得很无奈，总觉得人生似乎是有意义的，但仔细想想，却又不甚了了，只知道要努力。其实人生的意义在于心中有志向，有志向就有目标。仁道的"仁"字由一个"身"与一个"心"组成，重点强调心的面向。如果只强调身的面向，就是世俗的做法；如果强调心，就大有可为，因为心的问题涉及意义的世界，美、善、真、圣都是人所追求的价值，所以立志是懂得人生的意义与价值。人生价值有大有小，得大价值者为大德，得小价值者为小德。在古代，"德"与"得"相通，"德"强调德行的层面，因为它是根据"心"来讲的，以形下的方式来讲则是"得"，也就是拥有德行。另外，"得"也可以指得到外在的财货，但在此处则以"德"来说明，也就是说一定要修德，要拥有德。"德者得也"，德是一种有得于天道的能力。天生万物，创生不息，天道没有私心，那么法天道而有所得，便是"有德"。道有大有小，所谓"小道"是属于世间的，像子夏说："虽小道，必有可观者焉；致远恐泥，是以君子不为也。"（19·4）"小道"也有可取之处，但会受限制而不能久用，不可能有更开阔、更长远的发展，所以孔子说，我们要志于大道。孔子认为，"道"是人生的关键点，如果你根本不认识道，怎能一生求道？人生就很难得到发展，唯有"闻道"后，人生有方向，才能不再迷惑。若是人在死前能够懂得道，那就能死得安心，"朝闻道，夕死可矣"（4·8），就算还没来得及完成，总比迷迷糊糊过一辈子要好得多。

第四讲

孔子谈伦理

第一节 规则伦理

孔子学说中，伦理思想显然是孔学的核心，依现代伦理学采取不同的视角来讨论这个问题，即一为德行，强调行为主体的德性；另一为规则，侧重于单一行为的对错。德行伦理与规则伦理基本上是西方伦理学的分法。西方伦理学史中，由德行伦理一直演变到规则伦理，而现在的规则伦理又开始回归到德行伦理，二者一直分有胜负。可是从儒家的观点来看，德行与规则应当是同时兼具的，其间并无矛盾。

一般在评判某个行动对错时，要采取某个标准，或称作规则，即礼。以礼作为行动对错的标准，认为行动符合礼仪，才算知礼，那只是表面符合礼而已，还要看合不合义。礼仪背后的精神是义，按照最宽广的解释是适宜、妥当，其实"义"字本身就有善的意思。因此，孔子这一套讲求礼仪的规则伦理，本质上是以德行伦理为基础的，在德行里以"义"为内涵。"义"比较灵活，用到具体层面就是礼仪。孔子说过，君子与天下的关系究竟如何？要采取怎样的方式？依照东汉经学家郑玄的解释，孔子所说的"无适也"，"适"要读作dí，意思是敌对。"无莫也"，"莫"就是慕，意思是钦慕，君子没有刻意要敌对，也没有刻意要钦慕。换句话说，君子对于天下的事物没有固定的好恶，其好恶是以"义"为依归——"义之与比"（4·10）。所以，修养的准则是行为，不为好恶的情绪所左右，反之，所有好恶皆当以义来决定。

再看另外一条："颜渊问仁。子曰：'克己复礼为仁。一日克己复礼，天下归仁焉。为仁由己，而由人乎哉？'"（12·1）这句强调了几个重点。首先，颜渊问："仁是如何可以实现的？"如果按西方的讲法，颜渊就是问"仁"的定义，实际上我们不能将"仁"当作名词，而要当作动词，其实"问仁"是问如何去实践仁，或者说如何能够达到仁的境界。孔子答，实践仁在于"克己"，"克"一般解释作去除，这是宋明理学家所谓"存天理，灭人欲"。但"克"古来有两种意思，另一种意思是"能够"，"克者能也"就是自己能够实践。"复礼"又是怎样呢？有人把"复"解释作恢复，想要恢复礼制是一种教条和保守的态度，显然是不可取的。《易经》里有《复》卦，笔者认为"复"与行动有关，其实就是实践意义上的"履"。朱子在另一个章节里解释，"复"是践言，就是实践诺言。《论语·颜渊》中的"克己复礼为仁"在《左传》里作："克己复礼，仁也。"由此可见，那是孔子所引用的一句古谚语，意思是只要能够让自己依礼而行，即实践了仁。有人将"一日克己复礼"读作"一旦克己复礼"，意思是说只要有一天，人人都能真正依礼而行，天下就皆归向仁了。仁的实践绝不依赖他人，而是要靠自己，成德是靠自己来实现的。

颜渊听后，进一步问："实践仁有什么具体内容呢？"孔子对他说："非礼勿视，非礼勿听，非礼勿言，非礼勿动。"视、听、言、动皆合礼，就是实践仁。视、听、言、动皆指个别行为，至于是否合宜，那就要以礼为依归，礼是行为的标准，所以说孔子的伦理学强调礼是君子修养的基本要件。颜渊如何回答的呢？"回虽不敏，请事斯语也"。颜渊是孔门的高弟，自谦说"不敏"，反应迟钝，听了孔子的话后愿意"闻斯行诸"，愿意马上按照所说的来做。

《论语》记载了一则故事，叶公告诉孔子，他的家乡有个"直躬"的人，这个人的父亲去偷人家的羊，这个人上法庭做证一事。叶公意欲炫耀自己的国家是"论法不论情"，不管有没有伦理关系，对就对，错就错，即使父亲做错事，儿子也照样去举证。孔子听后，不太赞同这种做法，他说，我们家乡的"直"与你的不同。"直"的概念很重要，孔子所谓"直"是顺乎人性的，"人之生也直"（6·19），按照直道而行就是按照天性而行，其结果是"父为子隐，子为父隐"（13·18），这种说法背后有一套人性伦理的考量，但在法家看来，这是一件不可思议的事情。法与直，哪个更适合作为最高的判准呢？孔子并不排斥法，其实法是最低的标准，不能因此否认人的天性，最终还是要顺性而为。所以"隐"不是故意掩盖，而是"隐忍"，儿子要隐忍做错事情的父亲，这符合儒家提倡的人性与亲情伦理。如果一切从法律至上的观点出发，就会导致叶公这样的思想泛滥，单从这一章来看，儒家跟法家是互相抵触的。孔子认为，所谓大义灭亲显然是亲情缺失的表现，一个只讲国家法律而不讲家庭亲情的社会有失人间温暖，维持社会秩序固然重要，但亲情伦理也不可失去。如果从全局来考量，在温暖的家庭中，父子之间就会相互劝勉为善，对于父亲有不符合道德的行为，儿子要百般劝告，即便父亲不听，儿子也尽孝道如常，《孝经》里就涉及这个问题。"子为父隐"也是同理，儿子怎么可以为了揭发父亲的恶行而失去了亲情伦理呢？反过来也是一样，"父为子隐"，父亲没有教导好儿子，会感到惭愧，怎么能公然指责儿子做错了呢？这就是一种隐忍，不忍心这样去做。所以在中国古代社会，亲属之间可以拒绝法庭传唤做证，这符合中国传统的伦理，舍弃伦理就消灭了人间的温暖。人活在世间，会从家族和亲情伦理上升到法治，由小到大，强调公义没有错，历史的发展规律如此。可是在孔子看来，绝对不能舍弃亲情伦理，所以说"直在其中矣"，父子到法庭相互做证，这不符合人情的"直"，反倒是对人性的伤害。

另外，孔子认为视、听、言、动都要合礼，其实这个礼是某种常规，如果以此来处理千变万化的事情，就会有不足之处，因此还要懂得随实际状况的变化做出调整，这就是伦理思想中的"变"。所以，儒学在谈礼时，说有常礼，又有变礼，董仲舒强调变礼，他的根据就在于"义"。孔子说："可与共学，未可与适道；可与适道，未可与立；可与立，未可与权。"（9·30）权是孔子行动哲学的最高境界，它的本质是知义，亦即知守经而达权。

就规则伦理而言，不合礼当然是不对的，所以要求行动合乎规则（礼），但是这个礼是指一般情况下所持的通则，如果在不寻常的情况下，依照一般通则就只能算合乎表面的对，不是真正的对，为什么呢？因为判定行动对错的依据是，个别行动在不同情境下是否合宜，而义涉及道德主体本身处在特殊情境下有权变的德行。德行伦理关系到德行涵养的主体会做出合宜的行动，因此，孔子的伦理学以德行伦理为中心，上通人生哲学，下摄规则伦理。

第二节　德行伦理

儒家伦理的目标主要是成就君子，而君子之所以成为君子，是因为君子的言行时时合乎礼仪，追求德行圆善。圆善要从人生哲学讲起，想要怎样的人生，就要求具有怎样的德行。这并不是说说就好了，还需要体现在各个行动上，取决于每个行动都合乎义。因此，要判断一个人是否为善，就要看他有无德行。

整部《论语》一开始就提出"君子"，到最后一章仍然在谈"君子"，所以说孔子的教学，是彻头彻尾的关于"如何成为君子"的教导。君子不但要修己，还得要达人；不但要自正，还得要正人，因此无论如何，德行的要求是不变的。尽管生不逢时，照样以君子来自勉；如果逢时，君子当会做出一番事业。

以成德的阶层来说，从斗筲之人、小人、善人，再往上是君子，往上还有贤人等，最高的是圣人，有时光讲圣人还不够，还要再提出"大人"。有人认为大人就是圣人，这个我们不必强分。总之，大体来讲，有小人、有君子，如果把《论语》贯通起来讲，可以说要做一个君子，第一个条件是要有仁心，比如"苟志于仁矣，无恶也"（4·4），但凡志于仁，以仁为目标，即便还没有达到，也可远离恶，其后才知积极向善。如果心里有仁，就知道如何修养成为君子。但这是"志于仁"，只是一个发端，还要去行动才行。所以说，"仁"是成为君子的一个必要条件。

如果一个人"巧言令色"（1·3），对自己不忠，百般巴结别人，以便获得某种利益，这一种行为本身就缺乏仁。所以，有仁的人绝不会巧言令色，而是"直道而行"（15·25），即将内在人性中的仁显发出来。如果没有巧言令色，至少不会远离仁，能够保存仁心，慢慢上达仁的境界。

孔子作为一个君子，十分自谦，说自己无法完全做到君子之道，君子之道含智、仁、勇三方面，故曰："知者不惑，仁者不忧，勇者不惧。"（9·29）智者能够明断是非，使人不再迷惑，知道该如何做，这是"知义"，知道何者为适宜、何者不适宜，有一点很关键，那就是不再受欲望摆布，不会迷失方向。仁者视人如己，没有人我对立的紧张，那有何忧虑呢？至于勇者直道而行，不惧怕任何外在的挑战，即使受到威胁也不怕，就像孔子听说桓魋要杀害自己，依然无动于衷，当下自我肯定地说"天生德于予"（7·23），上天赋予我能力，我还惧怕什么！

所以，做君子需要具备智、仁、勇三要素。孔子也说过，"仁者必有勇，勇者不必有仁"（14·4），由此看来，勇可以收摄到仁里面，单提的话，讲智或仁就行了。此外，《论语》有一章说"君子义以为质"（15·18），质是内涵、实质，没有义为实质就不成君子，有义以后，行为还要合礼，在言语表达上懂得谦逊，自己答应的事情要能信守承诺，这就是君子。我们可以从以上几章看出来，成为君子的必要条件是有仁、义、礼、智，这些可以说是在人间的道理，而再往上还有一个"天"或者天道的问题，孔子曾说："不知命，无以为君子也。"（20·3）这提示我们，知命也是成为君子的必要条件。所谓"不知礼，无以立也"（20·3），孔子"三十而立"时已经有所行动，拥有君子之德了。

君子的含义有广狭之分，"苟志于仁"（4·4）时已经进入君子的初阶，随后再兼备其他德行——仁、义、礼、智，于人道就圆满了。可接下来有天的问题，天与人之间具有关联性，这就是命，不知命的人仍然无法挺立，君子应当通晓如何贞定生命的问题。

因此，知命是一种非常高的修养，已经由伦理的层次达于宗教的层次。当然，中国所谓宗教有自身传统的含义，与西方一神教的说法不同，这一点另当别论。至少我们认为，孔子的学问里面除了了解自己、了解人与人之间的伦理问题，还要关照人与天的问题。人除了有生之外，也是有死的，死后变成了鬼神，对待鬼神与上天的态度就具有宗教的意义，这是现实人生的扩大，人不只有生这一件事情。孔子对于死，着墨不多，但讲过"事死如事生"（《中庸》），了解生才能了解死，孔子对死的把握基本上不离开生，对待生人之道也就是对待鬼神之道。如前所述，这里的重点仍然是德，拥有德的多少决定了人品的高低，由少善、多善而达到全善。不过，"善恶"与"对错（是非）"的概念还是有区别的。

今归纳孔子所提的诸德目，从价值的角度来看，"道"是德行的标准，"德"是价值的总括，下分为仁、义、礼、智四德纲，并分求己、对事、待人、对天四项目。其德目细名非常多，比如行、勇、敏、敬、孝、悌、则、正、直、庄、明、思、则天，等等。

就仁纲来说，依求己项目，首问如何是仁？所谓"力行近乎仁"（《中庸》），好学很重要，行蕴含在里面。"仁者必有勇，勇者不必有仁"（14·4），勇可以收摄到仁里面，刚也一样，"枨也欲，焉得刚？"

（5·11），刚、毅则意味着没有私欲。再比如"讷"，不轻易许诺，恐失信于人，以及恭敬、恒心、切，还有"不愠"，不生怨气。这里涉及情感之德，还有不倦、不咎等，这些都是从自我要求的角度来说仁，在不同的情境下有不同的措辞。待人时又当如何呢？对待父母则孝，对待兄弟则悌，为人做事则要尽心尽力，忠、信、恕都是仁的体现。至于行事，则要做到敏、敬，"先难而后获"，这是德投射到事情上，所以德目很细致。对天而言，有法天、则天，"则"是效法。天是不分你我的，人也要具有天的德，体现为包容，其中有大义。

就义纲来说，体现在自我约束上，就是正、直、贞、毋我、求诸己。如果用来待人，那么同样要正，不能随便揣测别人的动机；如果用来做事，体现为中，合乎中道而行，从反面来看则是毋意、毋必，对任何事情都不要求必然如何，随时处宜。对待天，则表现为畏天命。

就礼纲来说，体现在自身上，则为恭敬、尊重、谨慎、庄重、矜持；体现在待人上，则为恭敬、谦让、谦逊；体现在对事上，则为俭、艺、敬、尊、正名；体现在事天上，则为敬鬼神、顺天命。

就智纲来说，对自身而言，则为自知之明，也就是自我省察，知道自己错在哪里，对自己的起心动念明明白白，不为自己的欲望所蒙蔽，因此"不惑"才能称为智者。从待人的角度来说，智就是知人，由此能利人，所谓"知人善任"，知道如何尽可能地帮助人、有利于人；从做事的角度来说，智就表现为能够辨别是非、澄清疑惑，同时有智的人乐于学习一切客观的知识，所以孔子说"好学近乎知"；从对待天的角度来说，智就是知天命。君子的修养贯通人道与天道，其中人道说得详细，天道则较为省略。总之，德行伦理是将行动对错的标准问题转移到道德主体上来，孔子认为具有德行的品性才会做出对的行动，比仅关注外在行动是否合乎规则更根本，因此，道德最终归结在德的功夫上。

第三节　成德功夫

孔子主张的伦理观就是如何成就君子的德行，德一定要落在每个行为上。由对错（是非）归论善恶，之后拥有更高层面的善德，因此善有小善、中善、大善之分，这就叫作"德阶"。广泛来讲，伦理的核心概念就是君子概念，君子是指有德的人。人是通称，维护一个人基本的底线，是将人与动物区别开。从科学的角度出发，把人看成动物，但从哲学的反省角度来看，如孟子强调人与动物之间的差别——四端之心，也就是道德心。人之所以异于禽兽，就在于有心，有心就会有思考、有反省、有智慧，懂得如何做人，能知善知恶，知道怎样修德。孔子讲"仁者，人也"（《中庸》），修德不能离开仁。从基本的方面来看仁，就是人有同情心和爱心，有一种整体意识，活在世间有温润感，这在家庭里是亲亲，扩大到社会上是爱人，再扩大则为惜物。君子是人格的最高理想，因此，人至少要从有别于禽兽的底线做起，要有同情心，摆脱"强凌弱，众暴寡"的心理。所以，子贡问有没有一句话可以"终身行之"呢？孔子说："其恕乎！己所不欲，勿施于人。"（15·24）这句话显然有对治性，"恕"可以作为人基本的德行，也就是将心比心，有同情心。从正面来讲，若能做到"己欲立而立人，己欲达而达人"（6·30），当然是爱心的扩大，但总不能自认为对自己好，也一样会对别人好，这会给别人带来很大的压力。从反面来讲，"己所不欲，勿施于人"，自己不愿意承受压力，就不要给他人压力，这是设身处地的反省，也就是恕。"恕"是"如心"，若不想把自己所讨厌的加诸于人，那就要将心比心。另外还要"视人如己"，把别人当成自己来看待，这样就不会做出伤人的事情。

"子张问行"（15·6）一章并非问"行"的意思，而是问如何实践，也就是问如何落实德行。其实"行"就是德行的"行"，它的入手处在哪里呢？孔子的提示是"忠信"。"言忠信，行笃敬"，忠、信、敬是一个人在言行中不能忽略的三种德行，不只在自己的家乡要如此，外出也一样。至于到他乡国度，或任何陌生的地方，也一样要把人当作人，同样要讲忠、信、敬。人到了哪里，就尊敬哪里的人，也必然受到各地人的尊敬。人与人之间互动的基本道德就是敬，治理天下以德礼为贵，所谓"道之以德，齐之以礼"，视人如己，是敬亦是仁。"忠信"则指所说的都是真心的流露，没有欺骗，在《中庸》里面叫作"诚"，诚就是天道，天道内在于人的本心，本心就是诚心，人道是人对天道的实践，所以说"诚之者，人之道也"，前句里的"之"指天道，"诚"是动词，是呈现天道的意思。我们可以这么认为，天的运行本来具有忠信之德，这不是科学意义上物质的天，而是"天无不覆，地无不载"生化无私的心灵。《老子》讲的"生而不有，为而不恃，长而不宰"，就是讲明天道。如果以德行的语言来表达，就是天不是为了宰制万物而创生万物，创生对天道来说永远是目的，不是手段。天有四时运行，冬过即春，春过即夏，天有大信，"不言而信"，该怎样做就怎样做，这就叫忠信。"人法天"，人以天为法，就拥有了忠信，这是普遍的德行，到哪里都行得通。子张听后，急着写在腰带（绅）上，害怕忘记。《论语》里很多话都是弟子们亲闻夫子所言后，对自己很有启发，因而记录下来。

前面讲到过，孔学有个成德的阶层理论，这一章便是对此的重述，"行己有耻"，做任何事情都要时时刻刻有羞耻心。如果担心做不好或者完成不了使命，心中一直感到有所亏欠，就会尽心尽力来处理事情，以保证"不辱君命"。比如当外交使节，就可以称作"士"，士所拥有的德是不辱使命。如果达不到，怎么办呢？至少可以在家族里做一个孝子，在乡党里做一个善人，真正守住"兄友弟恭"。士能够替国家在外办事当然好，即便没有担任公职，也能拥有孝悌之德。如果仍做不到，只能再降一级，"言必信，行必果"，这样只算是小人，"硁硁然小人哉"。这样的小人尚有信德，只是固执。孔子认为成德要不断提升，不能停留在小人的阶段，要勉力晋升到士、君子的境界。

成德的功夫是从如何为人、如何为士开始，现在则要提高到如何为君子。《宪问》讲"子路问君子"，孔子答"修己以敬"，推广后则是"修己以安人"，再进一步就是"修己以安百姓"（14·42），从做事到安人，再到让百姓都能安心，百姓指普罗大众，这是一种解释。如果按照传统来讲，百姓就是百官，那么君子作为领导者，要让周围替自己办事的人安心。君子从"修己以敬"开始，通过修己来实现安顿左右，各自把事情做好，"敬事而信，节用而爱人"，这是对领导者的要求。

广泛地讲，领导者的利己、利人，就是"修己以安人"的目标，进一步则是安百姓，孔子也说自己不一定能做到，事实上这对尧、舜来说是一个极大的挑战。孔子认为成就君子是一个阶梯式的过程，基本的是修己，由此推广出去。修就是"正"，"子帅以正，孰敢不正"（12·17），正是让自己合于礼、合于义，进而能安人，令仁心不断扩大，比如在政治领域中，就是从安自己、安左右、安百官，进而安众人，直至达成圣的境界。子贡说"博施于民而能济众"（6·30），不只左右百官，而且普及人民，"众"是指更多的人。如果用阶级的观点来看，古代的"人""民""众"三者应有差别，各位可以从古文字中进行推敲。如果能够博施于民而济众，算不算达到仁的境界呢？孔子说："那何止仁的境界，简直达到圣人的境界了！尧、舜自己犹觉得做不到。"（6·30）这里提到成圣的境界。那么，仁者应当如何行仁呢？"己欲立而立人，己欲达而达人。"一般的解释说，自己想要立，而且能够立人，在笔者看来，恐怕不贴切。"己欲"指自己的欲望，自己的欲望"立"了，才能帮助别人去"立"他的欲望，这显然是仁人的作为。"己欲达而达人"也是一样，只有自己的欲望"达"成了，才能帮别人达成。孔子接下来讲"仁之方"，指点实践仁的方法，归结"能近取譬"四个字。这个指点很高妙，意思是说实践仁不必远求，在当下的近处就能找到，比如不要总想着如何去达人，应当先想想如何达己，以达己的方式去帮助达人，正是推广仁的入手处，如果继续做下去，就不止于"人"与"民"，还能达于"众"，甚至达到王阳明所说的"仁以天地万物为一体"，推及整个宇宙。仁是人之所以为人的一个依据，是一颗仁爱之心，也是天地生物之心。

再来看另外一章："巍巍乎！唯天为大，唯尧则之。"（8·19）尧作为一个君王，其德业是如此崇高，因为他把天当作模范，向天看齐，时养万物，无私作为，成就一切。孔子删《书》，以《尧典》为始，即赞扬尧的德业昭著，足够作为后世王者的模范。段末又说"荡荡乎，民无能名焉"（8·19），是以老百姓找不到世俗的美词来称赞，事实上，尧的成就已超越一般社会名位的范畴，故以"巍巍乎，其有成功也。焕乎，其有文章"（8·19）作赞。

人生境界的理论中，从"人而不仁，如礼何？人而不仁，如乐何？"（3·3）开始，以礼作为第一步，而礼的背后要有仁义，礼乐为表、仁义为里，所以从事修养时，学礼、学乐不能只学表面，而是要学到它们的内涵——义与序，有差别、有顺序，要辨别本末先后。礼主敬而乐主和，敬是保持适当的距离，做事合于节度，人当处于中和的情境。换个角度，从文质的关系来说，"文"是礼乐，为外在的教养，"质"是仁义，为内在的德行，所以"文质彬彬，而后君子"（6·18），也就是教养的背后要兼具德行，"不仁者，不可以久处约，不可以长处乐。仁者安仁，智者利仁"（4·2），仁者能够安于仁，智者则能对仁做有益的事情。所以，智只是一种凭借，最终要考量是否能够"利仁"。由此看来，儒学基本以仁为依归，仁是基本的德行，其核心智慧在于成就圆满的仁德。没有仁心的人无法长久处在穷苦困顿中，因为他本身无法安顿自己，也无法长久处在安乐情境中，因为他本身缺乏自我节制。《论语》中的"智者乐水，仁者乐山。智者动，仁者静。智者乐，仁者寿"（6·23），如果人生达到既乐且寿、既动且静的境界，能够陶冶在山水的美学意境中，该是多么美好啊！人生的最高境界是"则天"，"则"是效法，以天为则，效法天行，终极与天合德。天布春夏秋冬、生养万物，正如人禀赋仁、义、礼、智之德。

天在春时，萌发万物，生生不息，在人则为恻隐感通，仁心遍布，所以《易》学认为"元亨利贞"与"春夏秋冬"相呼应，亦与仁、义、礼、智的"德行"有一种类比关系。

孔子说"予欲无言"（17·19），我不想再说了，可见他已经说了很多话，弟子们恐怕听疲了，不一定真正懂得，孔子也有点不耐烦，发发牢骚。子贡听了就说："子如不言，则小子何述焉？"如果老师你不说话，我们这些小子还能明白吗？孔子答道："天何言哉！四时行焉，百物生焉，天何言哉！"这明明就是法天的言教。天一言不发，只管做，不在说。说而不做，多说无益。"百物生焉"，默认生物是天的德行。人则往往说而不做，所以，法天的重点在于"不言而信"。天到了春时就生养，让百花齐放、让生命充满春意，到了什么时间就做什么，春生秋杀是自然的"消息"，所以，人效法天地之道，以天地为则，便是与天地合德。《易传》里说"与天地合其德，与日月合其明，与四时合其序，与鬼神合其吉凶"，根本上是仁、义、礼、智的另一种说法而已。

第四节　《莫春篇》①新解

《莫春篇》是记载在《论语》里最长的一段（11·26），也常出现在古文赏析的篇幅里面，但我觉得许多赏析讲得不够到位。

这一章叙述的是，有一天，子路、曾皙、冉有、公西华侍孔子

_____

① 本篇名为作者所拟，即《论语·先进》第二十六章。

坐。人物出场的顺序大略是按长幼排列的，个性好强的子路小孔子九岁，曾皙小孔子五岁，冉有小孔子二十九岁，公西华最年轻，小孔子三十二岁。"侍"体现了儒家的师生关系，它套用的是侍亲的亲情伦理，这跟法家《商君书》第一篇中"三大夫御于君"的"御"字所体现的君臣关系不同。

孔子对这四位学生说道："我年纪比你们大，不受用了。你们不是常说没人认识你们吗？如果真有人想要认识你们，那你们要如何让人认识你们各有本领呢？"子路"率尔而对"，他是一个好勇者，不加思索地率先回答："有千辆马车的国家不算是小国了，如果这样一个国家受到大国夹击，国内又面临饥荒，经济形势不佳，应该如何处理呢？如果由我子路来治理的话，不到三年的时间，就可让国中每个人都奋勇善战，而且知道其应对的道理。"孔子笑了笑，这情态值得玩味，一方面表示赞许，另一方面恐怕也有微责其自夸的味道。冉求是第二个回答的，他也放出豪语，说一个国家"方六七十，如五六十"，视大国若小国，如果由我来治理的话，只要花三年时间就能够让老百姓富足，至于礼乐的事，就只有等待君子了。冉求自负有经济专才，至于教化的事情则要另求高明之士，比子路说得要客气些。

孔子接下来询问公西华的意见，公西华的回答就更加谦虚，不敢说自己有何本领，"愿学焉"，愿意继续学习。学习什么呢？公西华举例说，"宗庙之事"，主持宗庙是有关礼乐的事情；"如会同"，前往参加国际会议，也会好好安排，做个称职的外交官；"端章甫"，规规矩矩地穿好礼服、戴好礼帽；"愿为小相焉"，愿做个辅助的小司仪。公西华的话更显谦虚，但其实言下之意，颇自负"知礼"。

最后，孔子问最长年的曾晳，曾晳正在鼓瑟，瑟是一种古琴，声音比较低沉。"铿尔"，投置瑟的声音，曾晳一听到孔子问话就立马停止，"舍瑟而作"，放下瑟站起来，回答孔子："我的志向跟他们三位不一样。"孔子说："没关系，只不过是个人谈个人的志向而已。"曾晳就说了一段有些令人费解的话："莫春者，春服既成，冠者五六人，童子六七人，浴乎沂，风乎舞雩，咏而归。"孔子喟然而叹曰"吾与点也"，赞许了曾晳的境界。所谓《莫春篇》就是出自这一段，宋明理学家特别欣赏它。我认为这是一首歌词，表现了一种音乐的美感与意境。曾晳不像前面三个人那样自我吹嘘，本着爱好音乐的气质，他一定深通乐艺，才会在孔门聚会的场合担任鼓瑟的角色。曲子原配有歌词，所以弹后就以这曲子的歌词来应对，表达内心的志向。这一段中，四位弟子各有表现，宋明理学家对此格外看重。笔者认为，弟子们回答的顺序绝对不是随意安排的。子路重军事，有得于强；冉求重经济，有得于富；公西华则是有得于礼，顺着这个脉络，曾晳显然是有得于乐。孔门一定有"强、富、礼、乐"四教，其中的层次有高低之分。富强有霸道的内涵，礼乐有王道的内涵，这样就把孔子整个经世思想凸显出来了。我们要问《莫春篇》大概记录在什么时候呢？《论语》里的各章节应该都是在某个特殊时间内与场合中的记录，了解其所发时机，才能真正对这一章有通透的了解，下面笔者就来做一些诠释。

孔子一生"志于道"，所以他对曾晳的赞赏也一定与此有关，曾晳所表达的意境跟孔子所向往的道境相契合。孔子一直在行道，想要实现"老者安之，朋友信之，少者怀之"（5·26）的理想，这必然有赖于国君的重用。事实上，鲁君对孔子并不倚重，别的国君有意敦请他，无奈又受到百般阻挠。以孔子当时早已闻名的经世之才，果真当政，让某个国家富强起来，必会引起邻国的不安。据钱宾四先生所编的《年表》，孔子五十一岁开始在鲁国当中都宰，待在鲁国四年后，发现鲁政为季氏等人所把持，很难大显身手，孔子便决意离开鲁国，传道四方，寄望于明君重用，将道实现于天下，但经过十几年的奔走，还是无法实现理想。所以，我们理解这一章要考虑到孔子晚年心境的转向，当一个人无法实现志愿时，他就会希望同周围的人谈谈自己的志愿。由此可推断，这一章可能发生在孔子绝粮于陈蔡到返回鲁国的期间，也就是孔子六十三岁到六十八岁之间。孔子的"吾与点也"，所赞同的应当呼应他所说的"兴于诗，立于礼，成于乐"（8·8），达到了乐，可说是理想的完成，而曾皙所吟诵的歌词正好表达出这种和乐的意境。前面说过，子路有得于强，冉求有得于富，孔子虽赞许，毕竟境界低些，公西华有得于礼则更上一层。到了曾皙鼓瑟，则是以音乐的境界来呈现自己的志向，对他而言是很自然的事情，所以说曾皙有得于乐。

"莫春者，春服既成"，这里容易令人困惑，如果把"莫春"解作暮春（晚春），春天的衣裳到了晚春才做成，似乎就来不及了，因此有"不及时也"的寓意。在我看来，还是不要像朱子一样把这里的"春服"解释作单袷之衣。另外，后面说"冠者五六人，童子六七人，浴乎沂，风乎舞雩，咏而归"，因为晚春时，天气很冷，一行人怎么可能到沂水沐浴，还唱歌呢？不太合理，所以我认为"莫（暮）春"涉及历法的问题。周朝的历法与夏历不同，而孔子明言"行夏之时"。

既然秉持孔子之教，那么曾皙采用的当为夏历，"莫春"是指夏历的三月末。当时鲁国的气温的确比现代高3摄氏度左右，去沐浴没问题。那时，春天的农事已完成，"服"应解作事，这是有根据的，《尔雅·释诂上》有以事释为"服"的例子。春天的农事告一段落，曾皙偕同五六个成年人、六七个小孩子，一起到沂水边洗澡，然后登上舞雩台乘凉。舞雩台是古代逢旱灾时，用来向天祈雨的祭台，一行人洗完澡后到祭台纳凉，再一路唱歌走回来。先儒对这篇有各种不同的说法，在此我们省略不表。

总之，歌词中的"莫春者，春服既成"表现了农事与节气的相应，这是人与天之间的和谐。"冠者五六人，童子六七人，浴乎沂，风乎舞雩"则有三层的和谐，其一是与人群的和谐，包括成年人与小孩子在内；其二是拥抱自然，表现出人与情境的和谐；最后"咏而归"，表示每个人内在的高度和谐。因此，《莫春篇》显现由内而外的诸般和谐，呈现出和乐的境界，这是孔子王道思想中"乐治"理想的高度体现。

总结一下，孔子的志向在于实现道，将道落实在有道者个人身上，便是君子；落实在群体上，便成大同世界。君子的人生境界源于天所赋予的本性，因而能充分地呼应"智者乐，仁者寿"的说法。大同世界就是实现"老者安之，朋友信之，少者怀之"的理想，如同《季氏》所谓"均无贫，和无寡，安无倾"（16·1），达到均一、安平、和谐的境界。

———

孔子谈教育

第一节　教育的根本问题

孔子在教育方面有怎样的思想？首先我们要对自古就存在的教育根本问题略加提示，然后针对"教"与"学"的概念进行分析，最后对孔子的教学目标、原理、方法及内容予以归纳总结。

就教育的根本问题而言，依《论语》所载，子游与子夏同属孔门文学科，可是他们的见解并不相同。子游说，"子夏之门人小子"，指子夏的学生在"洒扫、应对、进退"上做得还可以，但是均属末节，所以指责他们没有把握为学的根本，"本之则无"，这怎么可以呢？子夏听到子游的批评，就说："噫！言游过矣！"（19·12）子游你说错了，教学本身，哪些应先传，哪些应后传，好比对不同的草木也当有所区别一样，种草有种草的方法，种树有种树的方法。君子之道的传授要考虑先后顺序、因人而异，怎能随便出口呢？能做到有始有终的，大概只有圣人吧！由此来看，教学活动涉及目标、内容与方法的问题。教学目标是否有高有低，教学内容有无本末之分，教学方法讲不讲先后顺序，这些问题都属于教育哲学的范畴。

近三十几年，教育界有了一些反省。

首先，人们开始强调通识教育的必要性。古代的教育可说是"君子的教育"，也就是经学教育，知识内容不像今天分得这么细。今天的大学分成各个科系，知识分类越细，所学越狭，导致有的毕业生只了解所学专业的那一小块领域，在学问上不能博通，甚至失去了教学背后的总目标。因此，教育的分科不能过细，在分科之前一定要有学习初阶的安排，也就是所谓通识教育。最好的通识教育要从根本的"道"入手，中国传统教育是讲究认识"道"的，"道"就是"通"。如果按"形而上者谓之道，形而下者谓之器"（《周易·系辞上传》）的说法来讲，"器"属于分科教育，传授专门的、局部的知识；"道"属于形而上者，它并非具体的事物，而是体现方向性与价值性，从而能够把握教学的终极目标，将学习的所有内容加以会通。会通的基础何在？学习就像一棵树，树根即道，枝干即学科的分类，而一片片叶子就好比一门门细致的专业学问。如果只知枝干却不知根本，甚至只知叶子而不知枝干，那就不能算作通达。因此，施行通识教育就要把握住教育所要成就的终极目标——成为君子，所以君子的教育是根本，之后才有德行的培养、智慧的开拓、知识的增加，等等，这是一套完整的学问，应该由此来看待教学的发展。以往的人们太注重枝叶而忘记了根本，导致教学分散，了无所归，不知道学习的目的是什么，忘掉了教育之所以为教育的本原。因此，教师在培养每一个学生时，应对这个根本道理有全面的把握，由此才能认清所学的知识在整个体系中的地位，不至于以偏概全，不会只知其一，不知其二。现在国外提倡大学不要过早分科、分系，原因也在这里。教学的对象是人，首先应该设法将其教育成为一个人，然后才能进一步成为科学家等。不管做什么样的人，最终都要回归到"如何做人"的问题上，孔子教育思想的核心正是如此。

其次，呼吁教育要彻底改革。面对教育中的种种问题，人们一直迫切地希望改革，但究竟如何改？如果只在枝节上做一些补弊纠偏的工作，会有效果吗？这是不是忘记了教育的根本目标呢？我们不能忽略对这个问题的反省。另外，人们总在思考教育有无成果，因此对老师不断提出各种评比标准，这给老师带来非常大的压力。应该说，适度的压力是必要的，因为教育者如果忘记了"日新又新"，丧失了教育的热忱，那怎么配为人师呢？因此需要有外在的评鉴机制，淘汰不能胜任的老师，而这也为热心教育的人带来了某种压力。还有人们始终无法确定教育的总目标，我们是不是要使每个人都得到充分的自我实现，是不是要帮助每一个受教育的人增长知识、提升智慧、开显德行，最后还要帮助他安心立命？如果无法确定目标，那教育的根本就迷失了。现在的大学越办越大，为了减少开销而鼓励院校合并，最后形成超大型的大学。大学是不是越大越好呢？大学的调整也是迫于国际上的竞争压力。大学需要最大限度发挥自身的教育功能，以便参与国际竞争，但是具体要转变到何种程度，这也涉及教育内部的整个规划。以当前来说，我们面临"少子化"问题。以前人口众多，人们都想进大学，导致大学越办越大、越办越多；现在出生率低，学生数减少，很多大学面临关门，尤其一些私立大学，从而影响整个国家的未来。当然，这些问题不可能一下子都解决。孔子的时代也许没有这么多教育问题，可是绝对不会忽略教育的根本目标，那就是把人培养成一个人。人之为人并非完全天生，重要的是做个文明人，同时不失去天性。"人之生也直"（6·19），由此保持天良，接着学礼知义，乃至于不惑且知天命，实现安身立命的理想。谈君子的教育，都以达到所谓圣人的境界为最高的教育理想。由此可见，孔子很清楚教育的目标是要教人成为人，进而成为善人、仁人、士、君子，乃至达到大人或圣人的境界。

基于如何理解教育目标，可分为三种不同视角的人。第一种是"教育的科学家"，他们研究当前教育现象的真实面貌。第二种是通过历史性的考察来了解教育现象的历史变化与致病原因，我们管这样的人叫"教育的史学家"。史学家了解病因，但是要怎么处理呢？这就有赖于对教育本身的反省，能够从事这种反省的人是"教育的哲学家"，也就是第三种人。从哲学的立场出发，并不意味着盲动，同样要对教育的当前现象、历史演变与病因有所了解，更进一步对教育本身做哲学的思考。这是一种以教育为中心的反省，包括教育观念的厘清、教育理论的批判与统合，以及探讨教育全面发展的方式。接着就要懂得朝向何种价值，对不同的价值有着不同的教育方式，哪些价值优先，哪些价值置后，解决价值先后的问题。最后落实到实践中。教育哲学会面临反省、厘清、批判、统合、评价、实践等六项工作，对此我们不妨借鉴一下孔子，孔子长期教导学生，也一度从政，开展文化事业，与弟子之间的许多对话都涉及教与学，体现了他对教育的思考，我们需要以当代的视角来对其观念进行全面性的把握。

第二节　教学概念的分析

我们从分析《论语》中"教"与"学"的概念开始，考察孔子的教学目标、教学原理、教学方法、教学内容，等等。

首先，孔子没有使用过"教育"一词，这个词是战国中期才出现的，首见于《孟子·尽心上》的"得天下英才而教育之"。另外，《商君书》里提到"民以此为教者，其国必削"。《论语》中，"教"出现了七次，与"教"含义相当的"诲"出现了五次，"指导"意义上的"道"出现了三次，三者共计十五次；而"学"出现了六十四次，"师法"和"效法"意义上的"师"出现了一次，二者共计六十五次，可见"学"的概念在《论语》中非常重要。一般来说，"教育"是指教学，所谓"教""诲""道"，强调师长这一端；"师""法""学"，则是从学生这一端来说的。"教"的意义究竟是什么？首先是指教学、教诲、劝导。《论语》各章中有"默而识之""学而不厌，诲人不倦""有教无类"等说法，还提到"子以四教"，这些就涉及教学内容。孔子是从四个方面来教导人的，或者说他的教学有四个重点："文、行、忠、信"（7·25）。还有一章记子曰"自行束脩以上，吾未尝无诲焉"（7·7），据前人的解释，"束脩"是肉干，意思是只要学生带一点肉干来，行了拜师之礼，便能做孔子的学生。有人质疑，这么多肉干怎么吃得完呢？所以就把"束脩"理解为愿意检束自己的行为，意思是只要愿意向孔子学习，孔子就会收为学生。

子贡问孔子交友之道，孔子说，"忠告而善道之"（12·23），对待朋友不能不尽忠，朋友做错了要诚实地告诉他，同时要善于开导他。如果对方还是不接受，就作罢；如果非要说服对方，必定遭受侮辱，实在没有必要。这一章讲如何交友，恐怕也有针对子贡施教的意思。我们知道子贡喜欢"方人"（正人），就是拿高标准来端正朋友，要求人家必须如何去做，对方不接受就会自取其辱。孔子讲的话有针对性，这句话固然可视作一般的交友原则，但针对子贡尤为贴切，孔子应该深知子贡的毛病，所以才开导他如何交友。另外一章讲："爱之，能勿劳乎？忠焉，能勿诲乎？"（14·7）爱惜对方，能够不劳动他吗？要给他磨炼，不能剥夺磨炼他的机会，这才是真正的爱。如果爱只是流于表面，那反而是一种伤害，所以不能事事代劳。"忠焉"，替人办事尽心尽力，如果对方做错事情，也不能不加以开导，而是要尽力点醒对方，所以说"能勿诲乎"，"诲"有开导、教导的意思。

另外，"教"有教化的意思。孔子到卫国去，冉有驾驭马车，孔子说："卫国人口众多啊！"这是说卫国的人口政策不错，生育教育到位。冉有说："人口众多，劳动力充沛，又怎么样呢？能不能再前进一步呢？"孔子说："富之。"意思是要让这个国家富起来。除了让老百姓生生不息、多子多孙，经济水平也要跟着提升。冉有接着问："经济改善之后，还有没有更高的要求？"孔子答道："教之。"所谓"富而后教"，只追求富显然是不够的，"富而好礼"（1·15），"教"的内容就是"礼"。这个问题在当今尤其严重，虽然富了，却轻视了教，所以一定要教做人的道理，而不是只要有钱就好。生活过得再好，也只是人身的满足，至于心灵的满足，如理想、意义、成人等，都是教的内容所在。有没有伟大的理想？有没有服务大众的抱负？在治理国家方面，孔子说："道之以政，齐之以刑，民免而无耻；道之以德，齐之以礼，有耻且格。"（2·3）其中"道"显然是开导之义，用政令积极开导，同时以刑罚来辅助规范人的行为，不能越过底线，也就是"齐之以刑"，越界就要受罚。如果仅用政令去落实，老百姓会十分消极，没有自觉，只求能免于处罚而已，并未因真正知错而生愧，这样的方式是"外塑型"的。真正的教育应该"道之以德，齐之以礼"（2·3），既有德的教育，又要教人以礼，让对方懂得跟人交往的规矩，以教育的方式让人懂得礼、懂得修德。这样的人做任何事情都会有耻辱之心，同时也懂得"格"，"格"就是"正"，自我改过。换句话说，推行政令有两种方式：一种强调运用法令与刑罚，即外塑的方式；另一种则采取开导的方式，不断诱发人的良知，通过不断地教育、熏习，将被教育者培养成有德、懂得自省且具有羞耻心的人。如果以政治的霸道与王道来讲，政、刑属于霸道的手法，而德与礼属于王道的方式。孔子对这两种方式做了分判，显然不是抛弃政和刑，而是就老百姓"免而无耻"与"有耻且格"的结果而言，德礼之教才是长远之教。

鲁国的季康子问孔子："如果我'使民敬忠以劝'（2·20），也就是令老百姓都懂得敬，懂得尽心尽力地彼此劝勉，这样的行政措施如何呢？"孔子说，"临之以庄，则敬"（2·20），"临"体现领导者的立场，若领导者对待百姓能庄严而不苟，百姓自然就会恭敬。这种自上而下的过程必须是自然的，而不能"使民敬"，强迫百姓一定要敬，百姓未必接受这种外塑的方式。领导者本身具有被尊敬的德行，自然就会得到尊敬。"孝慈，则忠"（2·20），教人懂得孝慈，百姓自然会尽心尽力。"举善而教不能，则劝"（2·20），表彰做得好的人，举出好的榜样来教导那些还做不到的人，让人们自然而然地互相规劝，一起向他学习。显然，孔子的教导不赞成使用外塑的方式，而是采取鼓励和劝勉的方式，强调"由己"，身体力行。

另外一则说，"不教而杀谓之虐"（20·2），当政者不该以动辄杀死犯罪的百姓自豪，而是要教导他们该怎样做、不该怎样做，否则等于凌虐百姓。为了避免发生这种情况，需要做到充分的教育，如果事先教诲百姓规范行为，对方明知不可做却偏偏要做，那么处罚才算得当。

孔子又说"善人教民七年，亦可以即戎矣"（13·29），教导老百姓达到能打仗的程度，善人只需要七年，而君子不用说，恐怕会更短。孔子说如果让自己来教民，三个月就可以把当地治理得很好。民众为什么能接受教育呢？显然是由衷地佩服教导他们的人。

现在来谈谈"学"的概念，依次含有六义。

第一，"学"有读书的意思。《论语》里面说"学《易》"，学习《易经》并不是要一味背诵、学会占卦，而是要学会应变。学《诗》也是，终极意义是"不学《诗》，无以言"（16·13），是学会表达。所以要学《易》、学《诗》、学《礼》，"博学于文"，如果"文"是指文献或书籍，那么"学文"就是指读书。

第二，"学"有操作的意思。古代的"六艺"属于技能培养，不是读书能取代的。《论语》记载，达巷党人说孔子很伟大，能够"博学而无所成名"。孔子听到后就跟弟子说："吾何执？执御乎？执射乎？吾执御矣。"（9·2）从表面来看，"执御"是驾马车，"执射"是射箭，孔子说自己擅长"执御"。马车有左有右、有快有慢，在支配马时需要恰到好处，驾车是一套实际操作，无法光靠读书就会，必须实际演练才行。

另外，"子所雅言"（7·18），"雅言"是通行的官话，而不是地方话。"《诗》、《书》、执礼，皆雅言也"，"执礼"就是当司仪，指挥现场等，这些场合都使用雅言，雅言是大家都能交流的语言。

"学而时习之，不亦说（悦）乎"（1·1），有的人学知识，有的人学技术，如果能够"时习"，学到后适时地运用、表现，能够做得好，这不是一件非常快乐的事情吗？

第三，"学"有"闻""见""问"的意思。比如"学而知之""困而学之""困而不学"，这里的"学"是指亲自学习而获得各种知识。另外一章，"盖有不知而作之者，我无是也"，这是孔子的自道，"多闻，择其善者而从之，多见而识之，知之次也"（7·28）。很多人将"知之次"解释为在求知方面次一等。据笔者了解，"次"是军队驻扎的地方，也就是知识、智慧驻扎在多闻多见中，换句话说，求知需要"多见而识之"，所以"次"不是"次第"或"其次"的意思。

还有，孔子"入太庙，每事问"（3·15），不懂就要问，问是一种学习的方法。"我非生而知之者，好古，敏以求之者也"（7·20），孔子"好古"，所说的话都有依据，并非随便讲的。

孔子又说："十室之邑，必有忠信如丘者焉，不如丘之好学也。"（5·28）后人读到这里，一般要读作"如某者焉"，这是对圣人的避讳。古人知礼，所谓"为亲者讳，为尊者讳，为贤者讳"，如果直接念出圣人的名字，就是对其不恭敬。

第四，"学"有"识"的意思，这里"识"读作zhì，指记住。比如孔子说："子贡啊，你以为我是靠多学而记下来的吗？"子贡说："是啊，难道不是吗？"孔子说，不是的，我是"一以贯之"（15·3）。

但"识"也作"知"讲，指了解。孔子说："默而识之，学而不厌，诲人不倦，何有于我哉？"（7·2）意思是这三件事都难不倒我。"默而识之"的"识"作默会心通讲，显然是孔子的学习方法。"学而不厌"，"厌"是餍，饱足，孔子在学习过程中感觉不满足，就不断学习。同时，孔子也善于接受别人的请教，所以说"诲人不倦"，对来学的人从来没有流露倦态。

另外一则，卫公孙朝问子贡："仲尼焉学?"孔子是从哪儿学的呢? 子贡说："文武之道，未坠于地，在人。贤者识其大者，不贤者识其小者，莫不有文武之道焉。夫子焉不学? 而亦何常师之有?"（19·22）孔子无所不学，其所学习的是文武之道，就历史人物而言，即文王、武王之道，但这种认识太过于表面，太执着于历史事项。其实笔者认为，这里的文武之道只是举例，它的原理类通一文一武、一柔一刚、一退一进，这与《易》教相通。

第五，"学"有"觉"的意思。《论语》有"学而不思则罔，思而不学则殆"（2·15），有一种解释认为这里的"学"是"觉"，也就是一种领悟。低层次的学是一般的学习，而最高层次的学是一种觉。

另一章中提道："不愤，不启; 不悱，不发。举一隅，不以三隅反，则不复也。"（7·8）孔子教导人的时候不采用灌注式，而是看时机，等待学生有缠绵悱恻的心理反应时，再进行开导。"举一隅不以三隅反"，如果所举的例子在学生那里不能产生"举一反三"的效果，就"不复也"，即不再采取同样的方式，而是换一种方法。

孔子有一次问子贡："你与颜回谁更好呢?"子贡说："我哪里能跟颜回师兄相比? 颜回是'闻一以知十'的人，我只不过'闻一以知二'而已，没有他那么聪敏。"孔子就说"弗如也"，你确实不如他，然后又说"吾与（yǔ）女弗如也"（5·9），一般理解为"我和你一样都不如他"，体现孔子非常谦虚，说自己的弟子也很厉害。不过从另一个角度来看，也可以读作"吾与（yù）女弗如也"，我赞许你这种自认为确实不如他的看法，认可子贡有自知之明。

第六，"学"有德行的意思。孔子的"学"以获得知识为始，而以得仁为终。"仁"可表狭义，与智相对；也可表广义，而含容诸德。顺先前所讲，以仁为始，以智来完成，则仁与智之间具有相承的关系。智是智慧，仁是爱心，二者有如车之两轮、鸟之双翼，互相补足，缺一不可。孔子说："子路有闻，未之能行，唯恐有闻。"（5·14）行是闻的落实，不行不算学。《论语》中，"好学"出现了十六次，都涉及德行，甚至直接以有德行为好学，比如孔子说："君子食无求饱，居无求安，敏于事而慎于言，就有道而正焉，可谓好学也已。"（1·14）由此可见，好学包括很多修养问题。

再比如鲁哀公问孔子："你的学生中哪一个最好学呢？"孔子说，颜回非常好学，已达"不迁怒，不贰过"的境界，可惜"不幸短命死矣，今也则亡，未闻好学者也"（6·3）。这一章显然是孔子晚年时说的话，据资料显示，颜回死时孔子约七十岁。孔子七十三岁过世，可以说是孔子最晚的语录之一。好学功夫的程度有高低，像颜回就达到"不迁怒，不贰过"的境界，孔子对他的这种修养再三肯定。一般人会迁怒，颜回则不会，虽有过错，也不再犯，这需要何等的自我警觉与自我克制力！颜回的德行备受同门推崇，为孔门第一，绝非虚语。由此推定，孔子的话中，"学"字随着语境、脉络的变化而有不同用法，其中狭义的用法是读书，广义的用法是修德。

那么，教与学之间的关系究竟如何呢？一般来说，"教"的对象是愿意学习的人，以能者教不能，师长教子弟，先进教后进，甚至只要愿意学即可教化。"学"是学于师长、学于同辈,甚至不耻下问,虚心地请教不如自己的人,乃至于自学。就此两种活动而言,教是教所学,不学不能教,所以广义的学包括教,比如孔子自称好学,其中就包括教,所谓"默而识之,学而不厌,诲人不倦"(7·2)。孔子还说:"我怎么敢自诩为圣人或仁人呢?只不过是'为之不厌,诲人不倦'而已。"孟子曾引用孔子与子贡的对话。子贡问孔子:"夫子圣矣乎?"孔子答道:"圣则吾不能,我学不厌而教不倦也。"(《孟子·公孙丑上》)我未到达圣,只不过是"学不厌""教不倦"而已。子贡很懂得沟通技巧,适时赞美、推崇自己的老师,说"学不厌"是智,"教不倦"是仁,夫子"仁"且"智",那就是圣人啊!

总之,孔子认为学是"己利""己达"的事,教是"利人""达人"的事,两个概念虽有不同,但在君子的教学活动中彼此相涉,教中有学,学中有教,其实教学就是追求价值、实现价值的一种活动。

第三节 教学的目标与原理

谈及孔子的教学思想,必涉及教学目标,本讲一开始就提到孔子的教学以教人成君子为目标。用今天的学术话语来讲,孔子的主张是一种开放式的道德人文主义,它的核心目标是个人德行的扩充与完成。人文主义的重点是人的成就,这可以分别从知识与道德两方面来讲,如能兼备两者当然很好,但我们不能忘记,孔子的入手处是道德优先。不过,道德优先并不是封闭在道德里面,而是以道德为基点,向外追寻知识,后者同样是必要的。这种原则可以随不同的情况而有不同的体现，因此是开放的，被称为一种开放式的道德人文主义。

我们可以从《论语》的记载中，考察孔子、弟子与时人之间讨论的内容。比如"陈亢问于伯鱼"，我们之前讲过，孔子教导自己的儿子"不学《诗》，无以言""不学礼，无以立"（16·13）。孔子告诉学生，"吾无行而不与二三子者，是丘也"（7·24），自己将全部所知告诉他们，毫无隐瞒。

反过来看，学生和时人向孔子请教什么呢？"言"和"语"在《论语》中有不同的用法，"言"是孔子主动讲出的道理，表现了他对时代应当如何的看法；"语"则是孔子对学生或时人的答复。宰我、子路属于孔门的言语科，如何用言语跟人互动是教学中十分重要的内容。据笔者了解，弟子与时人有"问政"的，如何处理政治事务；有"问仁"的，如何实践仁或拥有仁；也有"问孝"的，如何孝敬父母；还有"问君子"的，如何拥有智慧、如何拥有崇高德行、如何能够辨别疑惑，等等。《论语》里提到的"问成人"与"问为仁"，"成人"指成就人或人的成就，"为仁"指达到仁。"问仁""问为仁""问成人"三者应为一件事，只是说法不同而已。还有人"问善人之道"，如何成为善人；或者"问明"，如何能够没有疑惑、如何开发智慧。"明"与"知"有所不同，"知"强调对外在客观事物的认识，而"明"则是对自己的知或无知有高度的自觉。比如，有兼人个性的子路往往将自己所不知道的说成知道，孔子就对他说："知之为知之，不知为不知，是知也。"（2·17）最后一个"知"读作zhì（智），有智才能明，儒学中的智有明的意思。

再比如"问行"，这跟"问仁"有何不同？其实是两者所问的重点不同，前者是直接从行动上讲的，"行"与"道"相通，问行就是问道，而问道绝不是问"道"的概念，而是问如何实践道，其内容当然不外乎仁，而"问仁"也是问如何实践仁，因此这些问法都可互通。还有"问友"，问交朋友的道理，即如何跟朋友相处；"问耻"，问待人接物有羞耻心是怎么一回事，所谓"道之以政，齐之以刑，民免而无耻；道之以德，齐之以礼，有耻且格"（2·3），是否考虑到人的羞耻心对应于教学的两个层面。第一阶段的教学目标是外塑，让人合乎规矩，但无法充分引发学习者的高度自觉，因为教学的目标有低也有高。还有"问礼之本"（3·4），这要比一般人问得高，超越具体做法的层面，问礼背后的精神，有末必有本。根据相关章节来看，礼的本质就是"义"与"仁"，"人而不仁，如礼何？人而不仁，如乐何"（3·3），根本上要回归到仁义。还有问"事君"，这属于君臣关系，但这里显然不仅限于政治层面，任何一个组织中都有上司与部属，都会涉及二者如何相处的问题。孔子说"君使臣以礼，臣事君以忠"（3·19），礼是上司对部属的敬重，部属则要尽心尽力为上司做事，这是一种平等的关系。如果上司对部属无礼，没有尊重之心，那很难获得部属的忠诚，儒家在此十分强调平等的关系。这与后世以片面的道德来理解君臣的关系不同，尤其是法家，只强调君主宰制臣子，而臣子则要无条件地为国君效劳，变成了国君的工具。在孔子看来，这种强制性的做法显然不是人与人之间互动的最佳模式。

季康子问孔子，怎样才能让百姓"敬忠以劝"？意思是如何让老百姓奉行政令，乃至于相互劝勉且尽心尽力。孔子的回答则是求人不如求己，领导者当以身作则在先，即"临之以庄，则敬；孝慈，则忠；

举善而教不能，则劝"（2·20）。领导者本身对待百姓处事庄严，百姓自然敬慎不苟；领导者本身对父母孝顺，对幼小慈爱，百姓自然上行下效；领导者本身能提拔好人、教导无能的人，百姓自然景从，彼此互勉。孔子曾提及居上位的领导者要"使民以时"，征用民力要考虑到百姓农暇的时机，那是对百姓的敬重。

另外有"问禘之说"（3·11）者，"禘"是一种祭天地的礼节，弟子或是官员不知如何安排，孔子就借此谈及关于祭祀礼仪的思想。

再有"问政"，就是如何主管政事和军事，孔子会随不同情况而有不同答复。军事知识当然不可或缺，但战争本身不是目的，目的在于追求和平。所以，卫灵公"问陈（阵）"（15·1），他问孔子如何排兵布阵，也就是如何练兵，博学的孔子不愿意回答，推说没学过，这是委婉地表达对国君想法的不认同，意思是身为国君不能仅仅考虑军备武装，应该有更高层次的追求。这一章蕴含深刻的道理。

孔子在教人时始终是非常有针对性的，不讲并不意味着排斥，而是事事有本末先后。比如，子路问"事鬼神"（11·12），可见当时流行迷信鬼神，孔子针对这一现象，明确指出"事鬼神"是求之于外，应当求的是今生今世的德行，如果无理性地舍本逐末，根本无法寄望于超出理性的鬼神。鬼神之所以会保佑你，是因为你有德行，所以德行才是重点。

还有人问，人死后会怎样？对生命的事情没有了解，就对死后的事情追求答案，这不是一种迷失吗？所以孔子说，"未知生，焉知死"，这体现了孔子心中的本末先后，生才是本。死并非不重要，但事死如事生，生事尽了才能尽死，所以孔子不会对死后的事情考虑太多，重点落在今生今世的合理行为上，才是人生的正道，不致流于玄思。

有一章谈到樊迟"请学稼"（13·4），问怎样种庄稼。孔子答道："你的志向太低了，应该为公家做些大事，不能总考虑私家种田的小事。"这似乎给人一种印象，好像孔子非常鄙视农事，其实并非如此。孔子是无所不学的，他自己也讲"吾少也贱，故多能鄙事"（9·6），学稼算来也是鄙事。总之，孔子"无常师"，对学习知识采取开放的态度，认为凡有助于人生的知识皆要去了解，越多越好。可学习过程中同样有本末先后的问题，要分清主次，而且主次是因人而异的。一个老百姓何须从事政治，能凭本事自立就不错了，因此必须有一技之长，学稼也是其中一种，毕竟解决自己的事情，不让父母担忧，不给社会增加负担，这都是应该的，可读书人或者求道的人不能只停留于这种基本的追求，应该有更高远的目标。孔子教学的目标是让学生获得知识，从而能为社会服务，能够成为"士"，甚至成为君子，有经世宏图，能为整个社会服务。"知之为知之，不知为不知"，虽然不一定什么都知道，但孔子自有一套学习与开导的方法体系，即"叩其两端而竭焉"（9·8）。

归纳一下，孔子对人的答复，绝大多数涉及今生今世如何修养的问题、如何待人的道德伦理问题，以及有关政治、经济、教育等方面的问题。其次，也涉及对"礼"精神的反省，可说是文化哲学的问题。还有如何练兵布阵、如何祭祀鬼神，乃至于人死后的问题，此外还旁涉生产、栽培等农业技术问题。孔子答复的态度，首先是正面的答复，有时也实事求是地说自己不知道，不过有一种情况是孔子明明知道，却推说不知道，其中就大有学问了。比如前面提到的卫灵公问阵，孔子讲说自己没学过，显然是推托之辞。学生问"事鬼神"、问死，他以反问的方式作答，提示学生没抓住重点、不知轻重。学生"请学稼""请学为圃"，孔子推说自己不如老农、老圃。既然孔子博学多能，未必不懂这些，但就算知道也未必讲授，因为他对提问者有所期许，希望对方怀有更高的志向。

由此可见，孔子对问题的重要性有从高到低的评估，针对不同对象也有所差别。比如，如何能把天下治理好，如何做一个伟大的领导者，如何令国家富强康乐，等等，如果一个国君不问这些问题，而总问一些枝节上的问题，那是不符合其身份所提的问题。因为国君要做国君的事，不该做臣子的事，这就涉及孔子"正名"的思想，"君君、臣臣、父父、子子"（12·11），不能越位思考。任何问题都有轻重缓急、本末先后，这属于"智"的范畴，其中包括价值分别、价值权衡的各种知识，比如"未知生，焉知死"（11·12），在孔子看来，死亡并未脱离生命，是对生命的延伸，知道如何对待生命，就知道如何对待死亡，所以重点在于生，"事鬼神"也是如此。反问是一种非常重要的教学方法，其中蕴含着精湛的思考。总之，孔子肯定一切维护"名"的努力，对于军事研究不是有意忽略，而是引导国君治国以礼。这些都体现了价值的来源是当下的生命，不归诸超自然，这就是孔子思想的人文性。

孔子的教学目标是如何成为君子，而君子至少要具备智、仁、勇三德，所以重点要落在如何修德上。子贡问政，孔子答，不得已的时候要先"去兵"（舍弃军事动员），如果必须再舍弃，那就"去食"。

这里显然是有先后的，"自古皆有死，民无信不立"（12·7），从军事到生活，再到道德，为政者需要考虑这些价值的等次。按照孔子的说法，"政者，正也。子帅以正，孰敢不正"（12·17），政治要维护人间的公平正义，这是国君所应知道的，绝不能按照个人的想法。那么要如何安顿百姓呢？没有武备不行，没有饭吃更不行，但如果人与人之间连道德意识都没有，那是最可怕的事情。我们从孔子对子贡的答复中，就可以知道他不愿意回答樊迟问学稼、学圃的原因，他要勉励樊迟成为士、成为君子，所谓"上达"就是"达上"，知道价值有高低等次。如果要做一名君子，就要向上求进步，不能将自己看作小人。唯有具备远大的志向，才可能成就更高的德行。作为伟大的领导者，君子应该懂得领导、统御的知识，还要能服众，所以说"子帅以正"，礼、义、信等道德问题都比农业的知识更重要、层次更高，君子不能唯知识是求。孔子主张"为政以德"，为政者有德行才能"子帅以正"，统治者先正己，而后正人，《论语》中提到的"文""行""忠""信"都是强调道德的优先性。

总而言之，所谓有意忽略军事、忽略农业、回避死亡、轻视自然科学，等等，恐怕都是对孔子的误解。孔子自称"多能鄙事"，并且无所不学，没有固定的老师——"三人行，必有我师焉"，学生对他都极为推崇。此外，孔子不仅向正面的典范学习，也以反面的案例警示世人不要重蹈覆辙。由此可见，后人认为儒家有意排除科学也是误解，实际上越懂得科学，反而越有助于儒家的发展，因为知识的层次与价值的层次并不冲突，应当兼顾二者，但需要分清本末，所以价值排序不是价值排除。在位者不可能顾及所有事情，总要分先后、主次。

中国传统思想大都涉及人生的问题，因此往往具有层次性，不像科学那样，真理就是真理，只有一层，它只对应事实。或许可以对此再进行分类，真理往往意味着知识的部分，可人文思想讲的是道理，以道为核心，孔子虽有千言万语，但总是回归于道。道涉及实践的知识，而德行在实践中非常重要，所谓仁、义、礼、智，智的德行当然也蕴含知识，所以学圃、学稼、学政等，多多益善。不过，知识之外还有智慧与德行的问题，以个人的道德修养为核心，外推至从政，再外推为对自然知识的探讨。这种道德不是封闭性的，而是人之所以为人的基本底线，此外则须懂得更多的知识，能做到层层外推，其层次性也就因此表现出开放性。

总之，孔子的教学目标就是培养君子。孔子对学生子夏讲："女为君子儒，无为小人儒！"（6·13）可见春秋时代就有"儒"的观念，并且分为两种类型——君子儒与小人儒。小人儒学习礼乐、服务人群等知识，不过是以此为生，这是"谋食"，而非"谋道"；是职业走向，而非志业导向。如果人有志，就不会满足现状，而是勉励自己学习本事与知识，以此来服务大众，能够为士；再进一步成为领导，做个君子。所以，君子儒显然另有志向，没有道就不足以为君子。《论语》各章都贯穿"志于道"的主题，所志之道当是大道。小人追求小道，为谋生而已，这只是人存活的根基。人活着不能只以这种低层次的成就为满足，而是时时刻刻要去扩大，要去服务社会、服务人群，成为君子、大人，这才是大道。此外，学习还涉及自愿性的问题。学习是强迫不来的，如果不愿来学，孔子不会往教；对于愿意来学的，孔子则"有教无类"（15·39），各行各业的人，无论贵族还是平民，乃至在古代被列为下贱的百姓，是没有不教的。所谓下贱百姓并不会自甘下贱，中国没有像印度那样的种姓制度。种姓制度将人分为婆罗门、刹帝利、吠舍、首陀罗四个等级，各等级世代相袭。春秋时代，士、农、工、商各阶层间具有流动性，肯努力就能上升，不努力就要下降。所以，当周朝贵族已经不能维持统治的时候，所谓王官就流落四方，只好靠自己的知识谋生，比如从"中央乐团"流出的乐官要靠教人音乐谋生，等等。民间也会有愿意学习的人，于是贵族知识得以向民间流布。孔子是古代推动平民教育的先驱者，他所学的知识是贵族的知识，而他将其平民化，任何人只要愿意学习，就能获得，学成之后可为国家服务。像樊迟、子路等，学成后都受到孔子的推荐，到鲁国季氏家中做事，国君经常主动要求孔子推荐人才。

孔子曾自觉其思想是"一以贯之"的，这一原则可以贯穿各个领域。《论语》里有两章提到"一以贯之"，一章是孔子与曾参的对话，另一章是孔子与子贡的对话。曾参所体会到的"一以贯之"是忠恕，而孔子对子贡只提到恕。无论忠恕还是恕，总而言之，就是仁道，仁是道的核心。总的来讲是仁，细一点讲包括义，也包括表面的礼。可以说，孔子的思想是"执两用中"，就是讲究中道。"中"是一个不偏不倚的形式，中间是空的，体现在两端，两端的具体内容则随不同领域而改变。就教学方面来看，别人怎么问，孔子怎么答，所问的五花八门，所答的并不固定，但总有一个根本原理，就是用"道"去贯通。道蕴含两个方面，从形式来看就是"执两用中"，从内容来看则涉及实践的内容，此不赘述。

孔子思想的一贯之道，包括文质的合一、仁智的合一、学思的合

一、仁礼的合一等。所谓合一是就境界来讲的，就方法来讲便是中，就内容来讲则是异质存在间的和谐状态。博学是需要的，但博学不能没有系统；要有系统，就是"约之以礼"，既考虑个别情况，又能用一个原则把相关事物贯串起来，这在《荀子》中就叫"知通统类"。荀子的哲学显然是礼学，主张礼的精神是把同跟异有机地结合在一起。

总之，"一以贯之"表现为整体的和谐，就教学目标来说即成为君子。君子之所以为君子，本质在于有"道"，有了求"道"的念头，才能去知"道"与行"道"。《论语》有一章讲："志于道，据于德，依于仁，游于艺。"（7·6）成就君子要以"道"为目标、以"德"为根据，而"德"包括许多不同的德——智、仁、勇、忠，等等。究竟由何入手呢？"依于仁"，仁就是爱人，我们前面提过仁的古字是上"身"下"心"，两个字合起来的，一个人有身心两方面才是完整的，所以仁又意味着统合、和合。仁就是"一"，不是"一二三四"的一，而是"整全"意义的"一"（壹）。比如孔子说"周而不比""群而不党"，"周"与"群"也是一体和谐的概念，体现了"和而不同"的"和"。孔子并未对"仁"下明确的定义，他的教学不像西方那样从定义、厘清概念入手，而是在实践过程中加以指点。我们读了孔子的语录，从中慢慢地领会、归纳，便会发现背后的道理。我们讲孔子哲学，是要把握住零散语录背后的核心观念，而不只是逐章、逐字、逐句地讲解。

孔子讲的"志于道，据于德，依于仁，游于艺"中蕴含教育的原理，可以分为内外两方面，内是知，外是行，可以说是德与艺的统合，也可以说是仁与知的统合。《论语》里有一章讲"文质彬彬，然后君子"，这是对文与质的统合，礼为文，仁为质，仁礼合一。由此出发，便能将《论语》其他各章会通，仁礼合一、仁知合一、德艺合一固然略有不同，但都有共同的模型。总之，孔子的教学活动以成就君子为目标，教者如此，我们学者也应如此。

第四节　教学的方法与内容

孔子的教学方法有几个特点。

第一，因材施教。即根据学生的个性、资质进行开导，成就学生圆满的德行。方法是"叩其两端"，如果某人的个性偏左，就教导他往右一点，目的在于"中行"。所以在整个人的德行上，孔子说："不得中行而与之，必也狂狷乎？狂者进取，狷者有所不为也。"（13·21）"进取"与"不为"是两端，最好是该进则进、该退则退，那就是"中行"。

就学生的个性来讲，孔子说："柴也愚，参也鲁，师也辟，由也喭。"（11·18）"柴"是高柴，"参"是曾参，"师"是子张，"由"是子路。孔子对学生的资质与个性都有充分的了解，高柴的资质比较愚笨，曾参比较迟钝，子张比较偏激，子路则比较鲁莽。曾子用"堂堂"来概括子张的特质，"子张堂堂乎张也"，他的理想非常远大，做事比较夸张。如果"辟"作"僻"，就是偏激、走极端；如果作"闿"，就是堂堂皇皇、气势恢宏的意思。总之，子张的个性比较张狂，而子路则比较冲动。有一次，子路问孔子："闻斯行诸？"（11·22）孔子说，"不，你有父兄，要回去跟父兄讨论后再做"，这样可以避免冲动。孔子基于对弟子不同个性的了解，而施与不同的教导。"闵子侍侧，訚訚如也"，闵子骞在孔子旁边时表现出恭敬正直的样子；子路则"行行如也"，表现出刚毅的样子；冉有与子贡则"侃侃如也"，表现出和乐的样子。"子乐"，孔子看到这么多不同表现的弟子，很高兴，并指出："若由也，不得其死然。"（11·13）像子路这样，恐怕会不得善终。那时子路还没死，孔子已预料到其冲动的个性容易出事。可见孔子教导子路的重点，就在于免除刚强所带来的冲动倾向，想尽办法扭转、调整子路的个性。孔子的教育是针对不同个性加以救治的。当然，学生们同样也各有特长。修德功夫颇深的是颜渊、闵子骞、冉伯牛，仲弓就以德行见长。宰我、子贡在言语应对方面颇具长才，适合当外交官。冉有与季路则擅长政事，可以将政与事的问题处理妥当。政与事是互相补充的，前者掌大局、思方向，后者管细节、落执行。有如今天说的政务官与事务官，就像言为主动、语为被动那样。另外还有文学科，一般人会认为这是现代意义上的文学，但根据笔者的研究，既然德和行、言和语、政和事都有不同，那么文与学也应分开来看。子游、子夏是孔门传承礼学的高足，从后代的文献来看，礼可以分为两种类型。《礼记·礼运》是记录孔子对子游谈大同的礼意，而子夏所学则相对强调仪礼，从事传经工作。所以"文"不好解作礼乐节文，而是作动词，指会处理事务。所谓"经天纬地曰文"，"文"的概念值得再深入探讨。古代有一种制度，有的人去世后，会被用一个字概括一生的德行。子贡问："孔文子何以谓之'文'也？"就是问为何用"文"这一字来概括孔文子的德行。再如后代称曾国藩作"曾文正公"，"文正"就是表彰其德行的谥号。

就资质而言，人有上等、中等、下等，即"生而知之""学而知之""困而学之"（16·9）。有的人一直到"困"才知道学习，更糟糕的是碰到困难还不肯学习，真可谓"不可教也"，这是孔子用来痛骂人的。其实人只要肯学，就都可上进，可以由小而大，"人一能之，己百之；人十能之，己千之"，加倍努力一定可以向上，这是一种鼓励的教学方式。孔子又讲："中人以上，可以语上也。"（6·21）在教学内容上，对于中等资质的人应作上等的要求，对于中等以下资质的人则不能冀望太高。换句话说，孔子随上、中、下的不同资质而有不同的开导。孔子还说，"唯上知与下愚不移"（17·3），天生资质"不移"，不是后天不可教，而是希望学生能自我变化气质，只要肯学就行，即可以教导。由此看来，向孔子学习的，未必能向道迈进，能向道迈进的，未必能中道而立，能中道而立的，又未必随时合道。换句话说，道的实践有常有变，不能只知常而不知变，唯有在行道时懂得权衡，才能达到学问的高峰。孔学非常强调"权"，如果只知经而不知权，儒学就会越讲越保守、越讲越僵化。世界随时在变化，学习也要紧跟着时代变化，记得真正的智慧绝对是灵活的。

第二，动静结合，灵活多变。从《论语》的记录来看，孔子好像总是在做个别指导，其实也涉及一些团体指导，比如"颜渊、季路侍"章，显然就不是一对一的。有时孔子可能与三四个学生在一起，彼此互动。孔子的教学似乎与现在所谓静态的课堂教学不同，非常注重动态的户外教学。《论语》里记载孔子带学生去郊游，直接就当时情境来教导，后面我们要讲的某些章节便涉及这种教学。

第三，对治求中。孔子有时采取宣讲——"言"的方式，正面表达自己的理念。有时采取的是"语"的方式——弟子问,孔子答。有时则是相互讨论。但无论如何都贯穿同样的原则,那就是针对具体情况让受教者了解中道。前面举过子路问"闻斯行诸"的例子,孔子答道"有父兄在",让他回去问问看。后面冉有也问:"闻斯行诸?"孔子却赞同他的"闻斯行之"。这显示出孔子针对弟子的不同个性加以指点,后者比较急躁,前者比较温暾。公西华当时不明白这个道理,于是趁两位学长问完后才问孔子:为什么明确是相同的问题,却给出不同的答案?孔子的回答就显示出个别教导的关键:"求也退,故进之;由也兼人,故退之。"(11·22)

孔子指点的目的在于弥补学生个性中的缺点,让他们各自回归到中道。譬如子贡的缺点是喜欢"方人"(14·29),有人将"方"解释为诽谤,这是不对的。"方"应是指方方正正,子贡常常会用一个标准来匡正他人,说别人逾越了规矩,不合正道。孔子对子贡说:"你本身够贤了吗?那可跟我不同,我没有闲工夫去批评别人。"这等于是说:"你要反观自己,知道自己的缺点在哪里,不要总认为自己很正,总是批评别人有毛病。"所以在子贡问是否有一言可以终身奉行的时候,孔子就指点说:"是恕道吧!""恕"是针对子贡的个性而提出的修德门径。何谓恕?就是"己所不欲,勿施于人",这一点大家都非常明白。

第四,学思互济。孔子在教人追求知识的方法时,强调学与思不能有所偏废:"学而不思则罔,思而不学则殆。"(2·15)好学习的人在思索上可能充分,好思索的人在学习上可能力有不逮,但二者对追求智慧而言都是必要的。孔子说:"吾尝终日不食,终夜不寝,以思。

无益，不如学也。"（15·31）这就是针对空思妄想的人，教导他们切切实实地去实践。

对此，孔子另有对治性的说法。"好仁不好学，其蔽也愚"（17·8），爱好仁德却不爱好学习，容易受人愚弄。"好知不好学，其蔽也荡"，爱耍小聪明却不爱好学习，容易放荡而无所归宿。"好信不好学，其蔽也贼"，爱好诚信却不爱好学习，容易被人利用，导致伤害；偏好信守承诺，固守小信，易生大害，换句话说，信守承诺依然需要合理。至于"好直不好学，其蔽也绞"，喜好直率却不爱好学习，过于急切，易伤人心。"人之生也直"，直是天生的，是本能，如果过度强调"直"，会成一种偏颇。"好勇不好学，其蔽也乱"，爱好勇敢却不爱好学习，毛病就是冲动闯祸，子路就属于这种性格，所以容易惹事。最后，"好刚不好学，其蔽也狂"，偏好刚直却不爱学习，毛病是胆大妄为。

由这一章可知，所谓"学"从广义来讲就是学礼，学会节制。无论仁、智、信、直、勇、刚等，从正面来看都是善德，但如果偏离中道，反而不能成德，所以懂得调节很重要。每一种德都有它的优点，但也要注意避免它的缺点，众德之间的调和正是礼学的核心。礼的概念相当丰富，亦可理解为对偏失的认识。

至于"恭而无礼则劳，慎而无礼则葸，勇而无礼则乱，直而无礼则绞"（8·2），则与前面的说法有些重复。孔子针对不同的人在不同的时间说法，语录中不免有重复的地方，由此更能印证孔子曾经确实这样说过。孔子也讲："吾有知乎哉？无知也。有鄙夫问于我，空空如也。我叩其两端而竭焉。"（9·8）任何事情都有两端，做任何事应该怎么样，还得从正反两面来思考。任何德行都有正面作用，但过度偏好就会产生偏颇，这是君子在修养上所要避免的。

第五，循序渐进。成德一定有个过程，从低到高。所谓"斗筲之人"不必多说，根本远离了德行，可是连斗筲之人也尚有可教之处。往上一点就是小人。小人虽然"言必信，行必果"，但不知道许诺要有所节制，不能一向固守，行为不能一向果决；小人之所以为小，盖因其言行呈现僵化现象，即"硁硁然"。如果提升一点，在宗族里践行孝悌，则被唤作孝悌者。进一步跨出宗族，为社会服务，当外交官要懂得《诗》学，到宗庙里当司仪则要懂得《礼》学，知识如此不断扩充，就达到了士的阶段。士上面还有君子，君子上面还有更高层的圣人、大人，等等。比如子路问何为君子，孔子从"修己以敬"说到"修己以安人""修己以安百姓"，范围逐步扩大。

第六，循循善诱。子贡曾经问孔子："如果'博施于民而能济众'，会怎么样呢？"孔子认为这说得太高了，不只是仁，它已经达到圣的境界，恐怕连尧、舜都做不到。仁的阶段其实就是"己欲利而利人，己欲达而达人"，但"人"还是不及"众"广。从这些章节可以发现，孔子开导人成德是讲究德阶次第的，针对每个具体的人该如何成德，按照这个人的阶段进行指点，由下而上，绝不逾越，所以，循循善诱是孔子教学的一大特点。许多章节，我们已经非常熟悉，比如："不愤，不启；不悱，不发。举一隅，不以三隅反，则不复也。"（7·8）孔子抓住学人所处的状况，把握各种机会，循循善诱地加以开导。《论语》有一章说道："互乡难与言。"（7·29）很难与互乡这个地方的人主动交谈或讲道理。"童子见，门人惑"，这个地方的小孩子来求见，孔子照样接见，孔子的学生感到困惑。孔子明确表示，"与其进也，不与其退也"，赞许他们主动学习，不许他们自甘堕落，鼓励其上进。不要断言某个地方的人"不可与言"，如果人家主动愿意"洁己以进"来学习，就该赞许他的上进心，至于他回去之后能否保住初心，则不是我们能干预的。《论语》里有一章很有意思，说是孺悲要见孔子，孔子不想见他，就推托身体不舒服，等到孺悲出门的时候，孔子却"取瑟而歌，使之闻之"（17·20），就是要让孺悲意识到"夫子明明在家，却不想见我"，这同样是一种教导，所谓"不教而教"也是一种教啊！换句话说，孔子教人不只是面对面地教导，还有一种以"不教为教"的方式。既然"辞以疾"，为何还故意让对方知道自己根本没生病，目的是敦促孺悲自我反省。

孔子说"不学《诗》，无以言"，而子贡是孔门言语科高弟，一定在《诗》教上有很深的造诣。《论语》记载子贡问孔子："贫而无谄，富而无骄，何如？"（1·15）富有的子贡以为，只要标榜贫穷的人不去谄媚别人，富有的人不显得骄傲，这样就很不错了吧！本想以这样的想法博得孔子的赞美，但孔子一听就明白，认为子贡的境界还可再提高一点，于是说："可也。未若贫而乐，富而好礼者也。"虽然已经不错，若能"富而好礼"就更胜一筹。子贡听后，引用《诗经》的"如切如磋，如琢如磨"来表达自己所领悟的道理。原来《诗经》这句话背后蕴含精益求精的意思，与孔子开导子贡的情境相互呼应。孔子就说，子贡啊，"始可与言《诗》已矣"，我已经可以同你谈论《诗》的道理了。子贡讲自己不能像颜渊那样"闻一知十"，自许能做到"闻一知二"，脑筋还不错。孔子说子贡能"告诸往而知来者"，这是对他的鼓励。一般人读了《诗》未必懂得言外之意，可以言《诗》，需要在《诗》方面有深刻的造诣才行。孔子鼓励子贡："你懂得了这一点以后，我就可以同你好好谈论《诗》了。"

总而言之，孔子的教学活动运用以下方式。首先因材施教，接着是灵活教学：有个别的，也有集体的；有静态的，也有动态的。孔子在教学过程中贯彻求中的原则，针对个别差异，实践学思互济、循序渐进，最后是循循善诱。如果稍加整理，可得六项特点：因材施教、动静结合、对治求中、学思互济、循序渐进、循循善诱。在颜渊对孔子的赞美中，实际上已经充分体现了孔子的教法："仰之弥高，钻之弥坚。瞻之在前，忽焉在后。夫子循循然善诱之，博我以文，约我以礼，欲罢不能。既竭吾才，如有所立卓尔。虽欲从之，末由也已。"（9·11）颜渊是孔门高弟，这段赞辞可综合体现孔子以上六项教学特点。

关于教学内容，我们前面已简单提过，比如《论语》中记载的"文""行""忠""信""诗""书""礼"，等等，提示我们所谓孔子教学内容显然包含讲授古代经典的学科，此外还有礼、乐、射、御、书、数这样的术科。古代贵族施行文武合一的教育，学科要熟悉经典文献，术科要传授各种技艺、技能，学成可为士。自孔子将王官学推诸民间，而有六经之教，即《诗》教、《书》教、《乐》教、《易》教、《礼》教、《春秋》教，而且每一经都各有特点。《礼记·经解》中记载孔子说："入其国，其教可知也。"这种说法非常好，每到一个国家，我们可以知道这个国家的教育成效怎么样。从哪儿观察？从这个国家受教的国民身上就能看出来。如果这国家的百姓"其为人也，温柔敦厚"，民情表现温柔而且忠厚，那这个国家有得于《诗》教的推行；如果这国家的百姓"疏通知远"，见识通今而且博古，那这个国家有得于《书》教的推行；如果这国家的百姓"广博易良"，宽厚而且爽朗，那这个国家有得于《乐》教的熏陶；如果这国家的百姓"洁静精微"，心境淡泊而且思维细密，那这个国家有得于《易》教的修养；如果这国家的百姓"恭俭庄敬"，态度谦逊而且庄重有礼，那这个国家有得于《礼》教的教养；如果这国家的百姓谈吐"属辞比事"，言谈条理而且论断妥当，那这个国家有得于《春秋》的教导。

各部经典的教化虽各有得利处，但也各有缺点，像"《诗》之失，愚"，《诗》教的缺点是欠缺理智；"《书》之失，诬"，《书》教的缺点是言过其实；"《乐》之失，奢"，《乐》教的缺点是奢侈铺张；"《易》之失，贼"，《易》教的缺点是窃取天机；"《礼》之失，烦"，《礼》教的缺点是烦琐不堪；"《春秋》之失，乱"，《春秋》教的缺点是悖乱章法。所以，要在各个经教间进行调和。"其为人也，温柔敦厚而不愚，则深于《诗》者也。疏通知远而不诬，则深于《书》者也。广博易良而不奢，则深于《乐》者也。洁静精微而不贼，则深于《易》者也。恭俭庄敬而不烦，则深于《礼》者也。属辞比事而不乱，则深于《春秋》者也。"换句话说，即使学习各种经教，也不能走偏，应懂得何为正面，何为邪道，以中道为极致。

从孔子的教学思想得知，其教学是以培养君子为目标。君子是人格完美的人，不仅要具备专业知识、圆熟的智慧、果敢的品行，还要有高尚的道德意识。今天我们的教育到底出了什么问题？是在哪个层面出现了问题？当今的教育人士要推动教育改革，究竟要往哪个方向改呢？改革是多面向的，有很多层次，但其中重要的一点是通识教育，它是针对知识过度专业化所产生的弊病而来的。不过，这些恐怕还是属于低层次的解决方法，当务之急是正视人类价值意识的实用化、世俗化，甚至物化、工具化、手段化，如果任由这样情形坠落下去，将会沦丧人与人之间、主体与主体之间的温情和敬意。试问我们希望自己成为什么样的人，又希望我们的后代成为什么样的人呢？

第六讲

孔子谈性命

第一节　驳孔子不谈天道

这次讲孔子的性命思想，我们要紧扣《论语》里有关"性命"与"义"的问题。

首先，有研究者称孔子不谈天道，他们引《论语》这一章为证："子贡曰：'夫子之文章，可得而闻也；夫子之言性与天道，不可得而闻也。'"只从表面来读这一章，由"不可得而闻"推定孔子从来没有谈过性跟天道，可是其中明明说"夫子之言性与天道"，怎会说没有谈到呢？《论语》里确实很少谈"性"跟"天道"，但并非不谈。

其次，有人认为孔子与《易》无关，证据在依《鲁论》，孔子说："加我数年，五十以学，亦可以无大过矣。"（7·17）这样的章句是唯一的吗？我们知道《论语》有《鲁论》与《齐论》，这是口传的文本，另外还有出自孔壁的《古论》。《鲁论》作"亦可以无大过"，但《齐论》不作"亦"而作"易"，属上读，它的断句是："五十以学《易》，可以无大过矣。"《古论》在传承上与《齐论》同。后人认为孔子与《易》无关，只强调"学"，而不涉及《易》，可是《易》在《齐论》与《古论》确有明文，这是不同版本上的争论。后来确实有一派认为孔子不传《易》，在没有新出土文物之前，很多人接受了这种说法，其实这种说法晚近才有。宋代以前，基本上都认为孔子学《易》。

1973年，帛书《易》在长沙马王堆出土，其中有《要》，证实孔子与子贡有涉及传《易》的对话，反而证实了《齐论》的看法。当今流传的《张侯论》，张禹首先学的是《鲁论》，但他没有彻底坚持《鲁论》，还参照了《齐论》与《古论》。《古论》不是口传的，它的文本有"易"字，所以"五十以学《易》"的说法是有根据的。司马迁《史记·孔子世家》记载，孔子六十八岁回到鲁国，到七十三岁过世，这五年内，孔子将一生的精华彻底显露出来，他曾说"我于《易》则彬彬矣""赞《易》""作《春秋》"，可见这是孔子晚年最伟大的事业。很多人说《易传》不是孔子自作，但《易传》中的说法经常冠以"子曰"，这与《论语》是相同的。孔子可能没有时间去著述，但弟子们把孔子的讲法记录下来，后来加以整理，正如《论语》一般，因此不能断说《易传》完全跟孔子晚年的思想没关系。

第二节　孔子谈性、天命、天道

《礼记·哀公问》记载，鲁哀公问孔子："君子何贵乎天道？"为什么君子特别重视天道呢？孔子说，"贵其不已"，重视天地运行不已，造化永不止息。《易传》中提到"君子以自强不息"，是指效法天地生生不息的律动，树立自强不息的德行修养，两者完全相互呼应。天道怎么运行不已呢？举个例子，好比"日月东西相从而不已"，日月交替出没于东西方，其进程从不止息。天道"不闭其久"，天道从不关闭创生的门户；"无为而物成"，无意造作却成就了一切，天道一向如此自自然然；"已成而明"，天成就了万物才显示出来，它是行动优先，不会浮夸或光说不做。孔子对鲁哀公讲天道的四要点，其实是借天道谈德行，勉励哀公效法天道。用《易经》的话来讲，乾卦有四德，"元、亨、利、贞"，这是天道；按《易传》的说法，"元、亨、利、贞"对应"仁、礼、义、智"，与《礼记》此章互相呼应，所以说"孔子不谈天道"显然在文献上站不住脚。有人认为，不能拿汉代《礼记》的话来归诸孔子，这个看法也不对，《礼记》是汉代儒者对先秦遗说的整理，不能看作汉代人的创作。

总之，从文献上与孔子学说的整体来看，孔子确实谈论过天道，最明显的表现就在《论语》里子贡所说的这一章。在我看来，"夫子之言性与天道"的"与"应读四声，这样就能把孔子跟《易传》的思想关联起来，因为孔子并非就性论性。《论语》里虽有"性相近也，习相远也"，但孔子也会问性是从哪里来的，要为性寻找一个根源，这就必须回到天道。天生万物、万物各禀其性的终极本源就在天道。《论语》里，"天道"一词只在这一章中出现过，但《论语》里还有"天命"或"命"的提法。如果注意到这一点，就能认识到孔子是配合天道来讲性的，对此最详尽的发挥就在《易传》里。所以，《论语》这一章明白地透露了孔子与《易》的关系。孔子在过世前一直希望弟子回来，见到子贡后说："你为什么这么晚才回来呢？"可见孔子对其殷盼非常，有很多话要跟他讲。子贡是言语长才，善于外交，懂得权变，《易》学之所以会传到齐国，笔者推定跟子贡有密切关系。

由于帛书《易传》的出土，证实了孔子跟子贡曾谈过《易》理，说明古来相传孔子以《易》教弟子是事实。因此，仅仅通过传统文献是无法否定这种关系的。孔子"五十而知天命"，六十岁在实践过程中"顺天命"，七十岁时能"从心所欲，不逾矩"，这段自述显然跟学《易》有关。那么，孔子什么时候开始学《易》呢？我想，他早年应学过，问题在于孔子早年学《易》是以何种面貌呈现的。《论语》记载"子不语：怪、力、乱、神"（7·21），表明孔子具有理性精神。春秋时期，《易》一般被用来占卜，但孔子学了占却不迷信。孔子早年随俗，基本上把《易》当作卜筮之书，不怎么看重，虽然读了，但没有用来教弟子。孔子离开鲁国后，周游列国，希望能受到重用，把心目中的道推行出去，可是哪里知道虽然受到诸侯的接见，却未得到重用，连讲学活动也处处受到干扰。

根据《年表》，孔子六十岁时离开卫国前往曹国，入境宋国时，停留在大树下讲学。这时宋国司马桓魋想要追杀孔子，子路劝孔子赶快离开，孔子却说："天生德于予，桓魋其如予何？"（7·23）孔子自认为是承受天命的人，"桓魋又能把我怎么样呢？"由此就可看出，孔子周游列国的过程并不顺利。在笔者看来，孔子可能试过占卜。根据帛书《易传》的记载，孔子自谓占满百次约有七十次灵验，但他并不以此教弟子，因为占卜是将万事归诸天命的行为，显然有违仁智的导向。

孔子一生讲究"求诸己"，而不"求诸人"，凡事强调个人努力，或为一时侥幸而祈求上天。孔子在外漂泊十几年，不可能完全不占，至于相信与否，则要另当别论。这个过程中，孔子对《易》的卦辞、爻辞慢慢有了新的领悟，在帛书《易·要》里，从子贡跟孔子谈《易》的对话就明白了。子贡问孔子："老师讲《易》怎么跟以前的态度不同呢？当年认为《易》没什么好讲的，不该迷信它，怎么到老了，反而好《易》呢？"这句话里暗藏什么讯息？《论语》里有一章："子在川上曰：'逝者如斯夫！不舍昼夜。'"（9·17）一般人可能会理解为："过去的就让它过去了吧！"这种理解是不了解春秋时代通行语言的表现。孔子讲学一定围绕"道"，总是从德性的角度去讲，他在户外教学时，看到河川流水，即借机跟学生们谈有关"天道"的事，只是没有用"天道"这个词，而是用"逝"这个字。老子讲天道时说："吾不知其名，字之曰道，强为之名曰大；大曰逝，逝曰远，远曰反。""逝"就是"道"的别名。孔子显然对"道"别有领悟，这里的"逝"就是"道"。弟子们不明白"逝"的意思，孔子面对着流水指点说，"逝"就像流水"不舍昼夜"一样，永不止息，二者完全相互呼应。这一章很精简，是孔子对天道的一种表述。

另外有一章也提到，弟子们不理解孔子对天道的讲述，毕竟天道是高度抽象的形上概念，孔子便发牢骚说："我不想多讲了。"子贡就问："老师若不讲，我们哪能了解？"孔子就说，"四时行焉"，天从来不说话，通过四时运行来创生万物，它什么都不用说，尽管去做，这就是孔子对天道的描述。天道"无为而成"，不用说话，默默运行，如同老子所谓"无言之教"。老子讲"道可道，非常道"，是说"道"不等同于"言语"，"言语"无法表示"道"，因为"道"是指行动，说不能代替做。由此，圣人效法天道，强调实践，所以孔子说"予欲无言"。从某个角度看，孔子是在发牢骚，正好也运用"不想多说"的方式来诠释天道。

总之，《论语》中确实体现了孔子对天道的谈论，无论是用"天命""逝"，还是其他称谓，其中根本的道理就是"不已"。后世的儒学继承了这个道理，比如《大学》中讲"苟日新，日日新，又日新"，河水一直在流，没有一刻停止。一个强调变动的西方哲学家赫拉克利特讲，一只脚踩进河里，提起来后再踩下去，已经不是原来的那条河了。宇宙万象莫不如此，天道正是表述这种变化的道理。

《论语》里虽未对《易》作直接阐述，却透显了《易》理。《论语》有一章，子曰："南人有言曰：'人而无恒，不可以作巫医。'善夫！"（13·22）孔子显然赞同南人的说法。"不恒其德，或承之羞""不占而已矣"，孔子对"恒"德十分肯定，不赞同以占卜吉凶祸福的形式求助于神明。真正懂得《易》，并非从事占卜。《礼记·缁衣》中有相似的记载："南人有言曰：'人而无恒，不可以为卜筮。'古之遗言与？"孔子认为《易》是古人的遗言与教训，这段话强调的是对恒德的修养，如果没有这种修养，就不算"善学"。另外，郭店竹简里也有类似的记载，写作"宋人有言"。文字在历史流传中难免会有错误，但这段话仍是存在的："'人而亡恒，不可为卜筮也'，其古之遗言与？龟筮犹弗知也，而况于人乎？"这与《论语》和《礼记》的说法相当。这些资料可以证明孔子确实学过《易》，而真正对《易》有造诣的人不用占卜，因为占卜是帮助人做理性的判断，绝不弃理性而独恃占卜，不信思考而信蓍草，否则就是舍己求物的颠倒行径。孔子强调仁、智为人之达德，智德是指理性判断的能力。学《易》的关键在于学会分析《易》理的方法，比如六十四卦是重叠八卦而来的，而八卦又是重叠三次阴阳爻而来的。对于学过逻辑学的人而言，一个铜板有正反两面，掷一枚会出现两种可能，掷两枚会出现四种可能，这种以理性排列组合的方式来穷尽一切可能的情形，其间必有一种会出现在现实中。所以，解决问题需要广阔的思维，通过理性对未来做更好的选择。从作用上说，《易》学是古代的逻辑学，以这种逻辑思维引导我们突破现实的拘束，获得可能的出路，也就是从现实世界跨越到可能世界里去。毕竟现实与理想不同，现实是受到限制的。为什么在诸多可能中，只有某一件事成了现实呢？我们通过理性思考，会发现其中存在偶然的因素。《易》拓展我们的理论思维，使我们了解现实世界只是可能世界中的某一个世界，唯有发挥理性精神，心灵才不会受现实世界的拘束。

1973年湖南长沙马王堆出土的帛书《易·要》，其中记载了孔子与子贡的对话，这是孔子谈《易》的重要证据之一。帛书中记载："夫子老而好《易》，居则在席，行则在囊。"意思是孔子晚年非常喜欢《易》，不仅在家里读，外出时也把《易》放在背包里，一有空就拿出来读，《史记·孔子世家》里也记载了此事。子贡问："夫子亦信其筮乎？"夫子这么爱好《易》，是否相信卜筮的结果呢？孔子说："吾百占而七十当。"意思是自己从事占卜，占百次有七十次灵验。"唯周梁山之占也，亦必从其多者而已矣"，即使周梁山的灵占也是一样，接受概率较大的占卜结果，好比开会时听从大多数人的意见一样。孔子接下来说道："《易》，我后其祝卜矣，我观其德义耳也。""祝卜"是古代专门从事占卜的人，孔子说自己与这些人对待《易》的态度不同。祝卜们特别看重灵验，强调未来不出所料，认为这是天命，但孔子是从"德义"的角度来诠释天命。

接下来这段话非常有价值："幽赞而达乎数，明数而达乎德，又仁守者而义行之耳。"占卜中总要预设有神灵，也就是"幽赞"的对象，宗教的立场往往相信神灵的存在，试图以祈求、启示的方式来达到"数"。所谓"运数"，也就是事理发展的必然性，明白这种必然性，也就通达了"仁守义行"的德行。孔子学《易》显然与一般祝卜、史官不同，他认为如果像祝卜那样只强调占卜的手段与神灵的灵验，只知"赞"而不知"数"，就会停留在"巫"的阶段。"赞"是巫术的范畴，"数"则已通达理性的境界。"数而不达于德，则其为之史"，史官不迷信宗教，他们推算历史的运数，强调历史发展的规律性与必然性，历史发展到某阶段就一定会如何，即史官处在所谓"数"的境界。孔子说："乡之而未也，好之而非也。"向往这些活动只是末节，不应对其太过偏好，《要》里孔子如此推崇德教。"后世之士疑丘者，或以《易》乎？"孔子预料自己对《易》的看法跟祝卜和史官不同，一定会受到后世的怀疑。作为君子强调德行修养，不祈求鬼神的赐福。"仁义焉求吉"，只要从事仁义，何必刻意追求吉祥，这就是把祝巫、卜筮的"幽赞"摆在"德义"之后的理由。孔子将《易》理解为古人德教的遗言，他说："我从中领悟到的是圣贤的德教。"《史记·孔子世家》记载了孔子晚年的一段话："孔子晚而喜《易》，序彖系象说卦文言。"这段话非常值得我们注意。古代没有标点符号，因此后代对"序彖系象说卦文言"八个字的理解多种多样。据司马迁记载，孔子晚年爱好读《易》，甚至达到"韦编三绝"的情境。先秦的书籍是写在竹简上的，我们现在看到出土的竹书《易》就是这样。竹简用皮绳编串在一起，以便于翻阅，孔子读《易》曾把皮绳弄断过三次，可见他的勤奋。孔子曾说："假我数年，若是，我于

《易》则彬彬矣。"如果再给我几年时间，对《易》一定能有更深刻的领悟。

现在我们来解读"序象系象说卦文言"这八个字。班固在《汉书·艺文志》中为了牵合"孔子作十翼"的说法，认为"序"是《序卦传》，"象"是《象传》，"系"是《系辞传》，乃至《象传》《说卦传》《文言传》，依这样的断句，当成名词，也只有六编。然而"十翼"应当有十篇，这样还不齐全，所以有人据此认为《杂卦传》是后出的，不能列为孔子的著作。需要说明的是，所谓"十翼"的分类是汉代才有的，我认为对这句话的解释不能太死板，将"序"当作《序卦》，"象"当作《象传》之类的，都是想得太多了。"序"应该是序象，也就是整理卦辞、爻辞。古代《易经》中的卦象与卦辞是分开的，孔子将其放在一起，也就是"系象"。"说卦"也不是指《说卦传》，这里的"说"是推论、演说的意思，孔子对《易》有所推衍，在跟弟子们讲《易》的同时也当有讲义。"文言"不是《文言传》，而是书之于文，"言"与"语"不同，"言"指主动发表看法，"文言"是通过文辞进行表达。这样讲，孔子就有了著述。孔子的著作可能有哪些呢？比如"大哉乾元，万物资始，乃统天；云行雨施，品物流形"（《易经·乾卦·象传》）。我们推断这类韵文应为孔子所作，总之，孔子与《易》大有关系，甚至可以断言，如果不通过《易传》，就无法了解上述《论语》中关于性与天道的章节背后的意涵。比如说，孔子是配合天道来谈性的，"乾道变化，各正性命"，将性的来源追溯到天道，就是这个说法的根据。由此说来，孔子曾经肯定读过《易》、喜欢《易》，也赞述过《易》。

第三节　孔子讲《易》、赞《易》

《孔子家语》中有一个命题，它详细地阐明性与命的关联。鲁哀公问孔子："人之命与性，何谓也？"孔子对曰："分于道，谓之命；形于一，谓之性；化于阴阳，象形而发，谓之生；化穷数尽，谓之死。"根据《论语》《礼记》《孔子家语》乃至帛书的记载，孔子对性与天道是有某些谈论的。《中庸》说："诚者，天之道也；诚之者，人之道也。""率性之谓道"的"道"是就尽天道所赋予人之性来讲的。循天命而行就是行天之道，是就天德来说性，"天生德于予"。仁智是人性之德的表现，以道而言就称一阴一阳，指天道流行之消息，"消"是向下，"息"是上升，消息转变就是"化"。天道流行就像一条曲线的上上下下。圣者法天即"与天地合其德"，圣者是一个既仁且智的尽性者，充分发挥天性中蕴含的仁与智，是闻道者、行道者、弘道者或成道者。《易传》如此解释"三才之道"："立天之道曰阴与阳，立地之道曰柔与刚，立人之道曰仁与义。"以时言指春秋，以命言指穷通、生死，用人类的行为来指进退、往来、屈伸，用位来讲就指左右、上下。于《易》简称乾坤，于两仪唤作阴阳，于治术称作刑德或说"阳德阴刑"，这样成对推广下去，可有文武、礼法等，"无往而非偶也"。孔子采用这种修辞方法来书写天人之道，大凡昼夜、日月、朝夕、生死、仁智，等等。由庄子所说"《易》以道阴阳"，可见其深通孔子之教，所以能要言不烦，一语中的。

"智者乐水，仁者乐山"，这应该是《论语》中讲《易》的一章，一般人可能不太了解，但据前所论，在美学与行动上可看出它蹱随《易传》的修辞。山居高，水就下；仁者爱人而无私，智者利人而无为，乐山水顺应仁智之性；动静相得，乐寿兼备，契合阴阳象、乾坤象。《论语》记载，子在川上曰："逝者如斯夫！不舍昼夜。"是借用川流讲明《易》道。"予欲无言"一章说："天何言哉！四时行焉，百物生焉，天何言哉！"天何必说话，直接以四时运行，成就百物，说明传达信息不一定用语言，行动也是一种表达方式。夫子不想用说话的方式，一切语言都在指向行动，懂得行动，言语反成多余。"道"虽可借言语来表达，但所说的言语终究无法取代"道"，毕竟言不尽意啊！因此，"道"不在言说，借象以示意。孔子赞《易》，对其有发挥和补充，《大象传》和《象传》是孔子诠释春秋时代《周易》文本的双璧之作。从《周易》帛书的《要》，我们可以看出孔子早年排斥《易》，因为当时孔子把它作占筮书看待，可是到了晚年，孔子读过《易象》以后，他转变了态度，认识到《周易》的功能不限于占卜吉凶，尚有观象修德的作用，发现《易辞》中含有古代圣贤的遗言。

《论语》有一章说："德之不修，学之不讲，闻义不能徙，不善不能改，是吾忧也。"（7·3）我们从《易传》里得知《易》是一部"忧患之书"，伏羲、文王都有忧患，孔子也不例外，他的忧患就是"德之不修，学之不讲，闻义不能徙，不善不能改"，可见德行之教是孔子的归趣。

孔子是如何在《易传》中阐发《易》理的呢？他说："圣人立象以尽意，设卦以尽情伪，系辞焉以尽其言。"这里的"辞"不能看作《系辞传》，而是孔子对《易》中卦辞、爻辞的说明。"变而通之以尽利，鼓之舞之以尽神"，"神"是指易道之变化莫测。所谓"圣人"，可以追溯到伏羲。伏羲画卦，立象以尽意，通过图象来表达语言所未尽的道理，通过对卦的安排来充分发挥"情伪"，即实情与作为，每个卦都用来描述一个情态，用卦辞、爻辞来充分说明，以实现"尽其言"的目标。《易》讲变，必须通达变易的道理，"变而通之"，"通"是通行，通行的目的是"尽利"。利者，无不通也。利可以是好处，或者是没有阻碍。同时"鼓之舞之"，以言辞将《易》理活泼泼地表现出来，彰显理性的变化莫测。"书不尽言，言不尽意"，写得再多也没办法穷尽甚深的《易》理，所以要懂得《易》的深意，就不能只停留在语言上。语言只是一座桥梁，虽然读书不能不靠书本，但书本是有限的表达方式，光凭读书无法真正了解其中的微言大义。

前面说过，《易》的研究具有"赞""数""德"三向度。巫者只通达"赞"，而不能通达"数"；史官通过"赞"而通达"数"，但无法通达"德"。孔子显然超越了这二者，说"求其德而已"。《说卦传》里讲："昔者圣人之作《易》也，幽赞于神明而生蓍。""蓍"是占卜时用的蓍草。"参天两地而倚数"，也就是史官所通达的"数"。从"幽赞"到"倚数"，还要"观变于阴阳而立卦，发挥于刚柔而生爻"。后面的说法很重要，"和顺于道德而理于义，穷理尽性以至于命"，这是孔子《易》教最重要的部分。《易传》里提道："《易》之兴也，其当殷之末世，周之盛德邪？当文王与纣之事邪？是故其辞危。""辞"是《易》各卦的爻辞，"危"在这里可以加一个言字旁，即"诡"，《易》的卦辞、爻辞在传达意义时多用隐语，令人难以直接、快速地理解。《易》的重点在于激发正反两面的思维，它的卦辞、爻辞都非常简略，有时可从正面诠释，也可从反面诠释，这是其独特的修辞方式，诡辞的设置有权巧方便的特点。"危者使平，易者使倾"，如果将这里的"危"解作危险，"易"解作轻易，是说危机意识能让我们转危为安，轻忽的心态会让我们陷入倾覆。《易》是用来解决实际问题的，所以说"其道甚大，百物不废"，做任何事情都不能忽略它，因此要"惧以终始"。为什么不说"惧以始终"？因为有始必然有终，终又复始，变化不息。但不管怎么说，重点是指导任何行动，最后都归于"无咎"，即没有过失。下面这段话非常重要："《易》之兴也，其于中古乎？"这是讲周文王的。"作《易》者，其有忧患乎？"所以后面接连讲的"三陈九卦"都是德，《履》卦是德之基，《谦》卦是德之柄，《复》卦是德之本，《恒》卦是德之固，《损》卦是德之修，《益》卦是德之裕，《坤》卦是德之辨，《井》卦是德之地，《巽》卦是德之智。这些完全体现了孔子的德教。

《系辞上传》的这段话非常精要，"夫《易》，圣人所以崇德而广业也"，《易》的道理告诉我们如何增进德行，推广事业。"知崇礼卑"，知道推崇德行高尚的人，礼敬地位卑微的人。"崇效天，卑法地"，推崇是效法天，谦卑是效法地。天非常崇高，自强不息；地非常谦卑，无所不容。天地"不言而信，无为而成"，所以"天地设位，而《易》行乎其中矣"，天地各自安顿其位之后，《易》意就蕴含在其中了。最后一段话说："成性存存，道义之门。"这是对道德实践功夫的指引。该如何修养道德呢？要知道人之所以为人，即直道而行，存所成之性，存之又存，绝不失去。所谓"道义之门"，指明修德的关键是"知性"，不"知性"不足以"成性""复性""尽性"，这与《中庸》所讲的"尽性"完全合拍。

《乾·文言》中有这样一段文字："'元'者，善之长也；'亨'者，嘉之会也；'利'者，义之和也；'贞'者，事之干也。"一般解"元"作"众善之首"，于是将"君子体仁足以长人"解作"君子体仁足以统御众人"。个人觉得这里的"长"不应解作"统御"或"宰制"，而是强调君子体现仁道以帮助他人自我成长。"嘉会足以合礼"，欢乐聚会完全与彼此礼敬相融洽；"利物足以和义"，利益众生完全与行事正当相呼应；"贞固足以干事"，守信有常完全与办妥事务相支撑。"君子行此四德者，故曰'乾：元亨利贞'"，对卦辞"元亨利贞"的解释紧扣君子修德的主题。《乾·文言》里有一段非常精彩："大人者，与天地合其德。"依我的理解，"合其德"指仁爱的仁，在《易》中指生生之德。"与日月合其明"指智，"与四时合其序"指礼，"与鬼神合其吉凶"指义。"鬼神"指祖先、先圣等先人，"义"指合乎历史经验的吉凶判断。"与鬼神合其吉凶"是说，大人跟先人（鬼神）的经验判断一致。天道的特征是"无为而成"，"日月相推而明生焉"，生生不息，这与《乾·文言》的说法一致，讲的都是仁、义、礼、智之道，坤卦讲"坤，至柔而动也刚，至静而德方"等，都可以作为参考。

如何理解"穷理尽性以至于命"呢？《彖传》说"大哉乾元"，"乾元"显然是孔子创造的词语。天有天元，地有地元，"万物资始"，万物都凭借乾元而生，所以称乾元之德为"大"。"乃统天"，古注中"统"即"始"，也就是万物都由乾元而来。这一段话可视为对《乾》卦卦辞中"元"的诠释。"云行雨施"比喻"利"，也含"亨"。"品物流形"诠释"贞"。"大明终始，六位时成"是就整个《乾》卦来说的，《乾》卦意味着人的本性，"大明"表彰乾元的性，"终始"表彰乾元的德。《乾》卦本身分六爻，六爻由下而上，依序"时成"。《易经》认为每个卦都蕴含时间和空间的因素，空间跟位有关。"时乘六龙"，事业要有成，绝不能忽略"时"。六龙比喻六爻，是阳爻的象征，六爻表达天道的流行。"时乘六龙"告诉读《易》的人要效法乾元"以御天"，伟大的领导者懂得《易》六爻的道理，因天时而治天下。"乾道变化，各正性命"，天道变化不已，万物各自端正性命。人是万物之一，各自本着太和的性命，拥有来自乾元的潜能，只要实践"保合太和"的功夫，必然能得到美好的结果。

最后，"首出庶物，万国咸宁"是从政治角度来说的。"首"是领导者、统御者，他不是通过贵族世袭的方式产生的，而是从"庶物"，也就是从老百姓中推选出来的，与《礼运》"选贤与能"的民主制度相合。换句话说，众人推举出来的领导者为众人所归附、向往，所以说"王者，往也"，《公羊》《穀梁》二传对"王"的诠释都是如此。若出现这样的王者，势必众望所归，"万国咸宁"，世界获得太平。

再来看看《坤》卦的《彖传》，坤元讲地，同天一样伟大，所以改用"至哉"这样的赞美词。"坤元"担任的任务是"万物资生"，万物都依据"坤元"而生，因此"乃顺承天"，地顺承于天。乾道是创生的原理，坤道是继承的原理，天地之道一生一成、一死一生，坤道顺应乾道，继续完成乾道所未完成的使命。"厚德载物"，坤的德性是承载万物，君子法地，也就是包容万民，像车子一样承载货物。"德合无疆"，"无疆"是没有边界，我们知道乾卦注重自强不息，坤的德正好呼应乾的德，所以表现为柔顺，继承天道而生养万物。"君子攸行"，这是君子所效法的。"先迷失道，后顺得常"，一开始失去了道，后来则顺应乾而有得于常道。因此从《易经》的方位来看，"西南得朋"，坤卦属阴，西南阴位，阴卦运行到阴位就是"得朋"，"乃与类行"是同阴类而行，可是无法生生。相反，如果离西南而就东北，东北方是阳位，就东北势必丧朋，所以称"东北丧朋"，不再与阴类同行，离阴朋之位而就阳位，始能生生，所以说"乃终有庆"。"庆"应读作qiāng，这样才与下面的"疆"同韵，"安贞之吉，应地无疆"，君子之德安贞如此，与坤合德没有止境。《系辞传》里提到"一阴一阳之谓道"，我们不能将其看作僵化的、孤立的阴和阳，因为道是整体流行，这个整体具有消息的面向，"一阴一阳"意味着整体流行中起伏波浪状的曲线，"道"的变化是一种消息历程与活动。"继之者善也"，"之"指"道"，"继"是延续，以延续"道"的生生来界定"善"，"善"就是不让"道"断绝努力，让生生的活动永不终止。"成之者性也"，"性"是能够成就"道"的目标，人人都拥有"道"成就的"性"。"性"从"道"来，"道"有阴阳，"性"有仁智，仁者看到"性"就称之为仁，智者看到"性"就称之为智，二者看到的是"道"的不同侧面，仁与智虽然不同，却是"道"的两面，差异在于个人的不同认识与领会。仁智互见而不冲突，都是"道"的流行。实际上，仁者更需要智，智者也不能忘记仁，这才算真见"道"，见到整全的理，没有一偏之见。《论语》中孔子说"叩其两端"，可以理解为仁智两端，以智来补充仁，以仁来补充智，这是掌握全面道理的表现。

然而，所谓"仁者见仁，智者见智"，百姓总有各自的观点，基本上仍是依照各自的仁与智去生活，不知其中蕴含天性，"百姓日用而不知"，虽然默默地实践，却不知所实践的不外乎甚深的君子之道。"故君子之道鲜矣。显诸仁，藏诸用，鼓万物而不与圣人同忧"，仁与用都蕴含其中。《易传》所谓"盛德大业至矣哉"，句中"盛"与"大"不只能当形容词，也可当动词，讲明德行跟事业如何盛大。让德行盛大，要有日新的功夫，绝不能怠惰；让事业广大，要有富有的功夫，"日知其所亡，月无忘其所能"（19·5），永不自满。总之，"生生之谓易"的"易"，不应把它解作《易》这本书，而应解作"易道"，即宇宙本体之道，生生不已之道。

第四节　穷理尽性以至于命

《说卦》讲功夫理论，圣人作《易》的目的何在？在于"顺性命之理"。"顺"作动词，指顺应性命之理，性命之理就是天理，天理就是天道流行的规律，天道流行本是一阴一阳。圣人"立天之道，曰阴与阳；立地之道，曰柔与刚；立人之道，曰仁与义"，通过阴阳来说明天地运行之道，通过刚柔来表现地道，通过仁义来说明人道。《易》包含的义理无穷无尽，就近处而言是"静而正"，"言乎天地之间则备矣"，涵盖一切。乾的道理是"其静也专"，"专"念作tuán，即团字，指整体。"其动也直"，所以"大生"，能有大的发展。坤则有静象，"其静也翕"，闭门不开；但坤也会有动，就是"辟"，敞开大门才能将生命拓展出去，是为"广生"。"广""大"匹配天地之德。"变通配四时"，做任何事都要懂得"变通"，如同顺应春夏秋冬的运行变化，人生唯有变化才能通达。"阴阳之义配日月"，日月象征阴阳，可说是阴阳的具象。"易简之善配至德"，平易简朴的善匹配最高的德行。这是告诉我们，只有"穷理尽性"才能够通达天命，"至于命"就是与天命合而为一，《论语》里孔子说"朝闻道，夕死可矣"（4·8），就是这个意思。"《易》与天地准，故能弥纶天地之道"，指《易》涵盖天地变化的一切道理，"范围天地之化而不过，曲成万物而不遗，通乎昼夜之道而知"，打通昼夜，无所遗漏，这些都是对《易》理的高度赞美。"神无方而易无体"，天道创生万物变幻莫测。"神"指不拘泥于某个有限的地方，所以说它"无方"；天道本身的流行不已，无法以固定的形体来说明，所以说它"无体"。在此不妨借用马一浮先生对"朝闻夕死"的解释，他在《复性书院讲录》卷二中提到，"夕可死"通于佛教的涅槃，是说见到不生灭与无生死，证得所谓"无生法忍"。这样把佛家与孔子的道理打通了，非常了不起。

《易》学的道理可以浓缩为"无体"，即没有定体，因为"易"是变化无住的。从存有的角度来诠释，"易"蕴含四个原理。一是有机原理，体现在《系辞传》中的"大生""广生"，生生不已；二是互补原理，体现在《说卦传》中的"天地定位，山泽通气，雷风相薄，水火不相射，八卦相错"；三是和谐原理，体现在"保合太和，乃利贞"中；四是整体原理，所谓"易与天地准，故能弥纶天地之道""范围天地之化而不过，曲成万物而不遗，通乎昼夜之道而知，故神无方而易无体"。

从作用的角度来诠释，"易"是"神无方""阴阳不测"，这可用三个概念来说明。其一是生生的概念，表现大化流行与生生不已的观念。其二是律动的概念，表现消息、往来、反复、周期四个特征。这里的消息有强弱与盛衰的意思，与我们现在所说的"消息"（讯息）含义不同，传文中的"消息"意味着消长，《剥卦·彖传》里说："君子尚消息盈虚，天行也。"《丰卦·彖传》里说："日中则昃，月盈则食，天地盈虚，与时消息，而况于人乎？况于鬼神乎？"人不能忘记"时"的观念。接着是往来的特征，《系辞上传》里说："阖户谓之坤，辟户谓之乾，一阖一辟谓之变，往来不穷谓之通。"《系辞下传》里也说："日往则月来，月往则日来，日月相推而明生焉；寒往则暑来，暑往则寒来，寒暑相推而岁成焉。"这都是对天道进退、消息的表达。还有反复的特征，《复卦·彖传》所谓"反复其道""复，其见天地之心"。最后是周期的特征，《复卦·彖传》所谓："反复其道，七日来复，天行也。"其三是无尽的概念，《系辞下传》说："穷则变，变则通，通则久。""穷神知化，德之盛也。"君子修养到高峰便能"穷神知化"，这里出现的"化""变""神"都含有无穷无尽变化的意义。

总之，《论语》中孔子谈"性"跟"天道"的言论极少，但在《易传》里却得到充分的发挥。《彖传》以阴阳、刚柔、健顺、时行、往复、终始、消息、上下、内外、感应、中正等有关概念，对《周易》的卦象与卦辞进行诠释，阐明天地之道。《象传》为"观象修德"打下基础，《象传》说："天行健，君子以自强不息；地势坤，君子以厚德载物。"比如，讲《晋》卦时说："明出地上，晋；君子以自昭明德。"讲《蹇》卦时说："山上有水，蹇；君子以反身修德。"讲《鼎》卦时说："木上有火，鼎；君子以正位凝命。"这都是法象修德，尽性至命，由命返道，统合天、地、人的三才之道。

简单总结一下，"易"是易知，"简"是简能，"易则易知，简则易从。易知则有亲，易从则有功。有亲则可久，有功则可大。可久则贤人之德，可大则贤人之业。易简而天下之理得矣。天下之理得，而成位乎其中矣"，这是《系辞传》中的话。《易传》讲得明白，说是"圣人所以崇德而广业也"，所谓"成性存存，道义之门"，如果不"知性"，就不懂得"存性""尽性"与"复性"。孔子说"性相近也，习相远也"，这固然没错，但性的本原不能不配合天道来讲。如果会通各领域，我们就会发现孔子之道可通天地之道、性命之道、尧舜之道、文武之道、《春秋》之道，换句话说，即贯通天人的"允执其中"之道。

孔子谈经世致用

第一节　从政要义：中正

以孔子的经世思想对治其所处时代作背景，如先前所提，那个时代呈现三种衰象：第一，社会崇尚虚文；第二，封建礼法失序；第三，世人品格堕落，行为不端。面对这种情形，孔子颇为不满，宣称"吾十有五而志于学，三十而立"，说自己三十岁时能依礼而行，反衬当时社会上很多人不知礼，未能行礼。孔子说："苟有用我者，期月而已可也，三年有成。"（13·10）显然孔子相信自己有经世能力，认为自己若受任用，只要花一个月或一整年的时间，家国当有起色，三年定有成就，可惜却没有明君重用他。从孔子学习的过程来看，十五岁有志学道，接着从事教学、短暂从政，甚至周游列国，一直到晚年，孔子依然没有建功立业的机会，只好以删《诗》《书》、定《礼》《乐》、赞《易》、作《春秋》告终，将高远的道术传给下一代。

孔子的孙子子思在《中庸》里写下四句话，对孔子的学问、思想来源及事业做了以下说明："祖述尧舜，宪章文武；上律天时，下袭水土。"尧、舜是禅让政治的表率，孔子继承他们"公天下"的思想，了解并掌握文、武之道，上法天道，作《易传》，阐明有关天道的思想；下法地道，作《春秋》，因地制宜，冀达太平社会。

孔子的经世思想具有三重内涵，他忧患当时文化的虚浮、政治的无礼与人格的卑下，对一切提出批判，并给出改革与实践的方法。因此，经世思想包括忧患的精神、批判的精神与实践的精神，也可将其归纳为政治与伦理两部分。对于前者，孔子说"政者，正也"，政治上要维护整体的公平正义，领导者要以身作则，所以他说："苟正其身矣，于从政乎何有？不能正其身，如正人何？"（13·13）自身不正，就失去了正人的条件，不修己不足以治人。孔子又说："其身正，不令而行；其身不正，虽令不从。"（13·6）伟大的领导者之所以能让人心服口服，是因为本身行为端正，由此自然而然地上行下效。如果本身不正，即使三令五申，也很难达到效果。鲁国大夫季康子曾问孔子："怎么样从事政治呢？"孔子讲："政者，正也。子帅以正，孰敢不正？"（12·17）这与之前所表达的思想相同。季康子又问："杀无道以就有道，何如？"即把无道的人杀掉，赏罚严明地施政，怎么样呢？孔子回答说："子为政，焉用杀？子欲善而民善矣。"（12·19）其实根本不需要用杀，只要以身作则行善，就能上行下效。上位者不贪，下位者自然不敢贪，如果上位者禁止贪污，自己却贪污，那就落人口实，无法服众。"君子之德风，小人之德草，草上之风必偃"，小人行事作风是随君子摆动的，只要君子做得好，小人必然景行相从。因此不必动用刑罚，通过身教的方式，风气自然转移，政治改革同样如此。仲弓是孔门德行科的学生，孔子推荐他担任祭祀中的"宰"（总管）一职，他就问孔子该怎么做。孔子告诉仲弓："先有司，赦小过，举贤才。"（13·2）"司"是管理事务的人，要以身作则。下属有小过错，上司尽量赦免，但一定要让其明白过在何处。为政者不可能事必躬亲，必须学会用人，能够识别、培养和运用人才，才能把政治做好。

子路也问孔子："怎样去从事政治呢？"孔子说："先之，劳之。"（13·1）这个回答简单扼要，子路听后觉得这很平常，问能否再提升一点，孔子说"不倦"，不要倦怠，也就是要自强不息啊！"先之劳之"，其实就是以身作则。孔门对政事的讨论很多，学生子张的个性是"堂堂"，或者说"僻"。子张向孔子问政时，得到的答案是"居之无倦，行之以忠"，平常不懈怠、不松懈，替人办事，诚心诚意、尽心尽力去做。子夏做莒父的县令时也是一样，问孔子到底要怎么治理，孔子告诉他："无欲速，无见小利。"（13·17）子夏面对事情希望都能越快越好，总是着眼细节，所以孔子叮咛他，做事情不能求快，应当着手大局。为什么呢？因为"欲速，则不达；见小利，则大事不成"。

子贡也曾问如何为政，孔子说："足食，足兵，民信之矣。"（12·7）百姓的生活有保障，国防足以抵御外侮，如果这两项做得好，百姓对主政者便有信任。子贡是孔门言语科的高才生，他不想失去请教的机会，进一步追问："必不得已而去，于斯三者何先？"食、兵与信这三项，万不得已时，要先放弃哪一个？孔子说"去兵"。那如果必须再放弃一个呢？这就涉及做人的底线，孔子说"去食"。为何"食"不如"信"？军事与经济是基础，文化教育或道德要求依民生急缓来说，应摆在第三位，但从立国的角度而言，军事与经济的问题可以暂缓，唯独"信"是维系国家存在的根本。如果百姓没有道德意识，一切都会崩溃。严重的经济问题会导致百姓饿死，但"自古皆有死，民无信不立"，儒家特别看重道德的缘故就在这里，无道德不成社会，无公正谈不上政治。政治是处理人群的学问，管人与管动物不同，要考虑到正当性的问题，所谓"政者，正也"。

再看下面一条，孔子去卫国，冉有为他驾车。孔子到后，说道："庶矣哉。"也就是卫国人口很多。冉有问道："如果一个国家不缺劳动力，在这个基础上还要做什么呢？"孔子说"富之"，让人们富起来，生活无虑。富起来以后接着要如何呢？"教之"，需要展开文化教育工作。就此而言，人口政策是最初的关注点，国家人口不足，必然慢慢灭亡。进一步要让百姓富起来，将经济搞好。可是政治事务并未完成，还要提供教育，教育的目的是让每个人都发挥潜能，依天性而完成自我的人。《易传》提到"君子体仁足以长人"，体仁是一种功夫，只有体仁的君子才能在为政时帮助百姓发挥各自的潜能，构成圆满的人格。

《论语·尧曰》非常重要，在此我们仅做简要提示。子张问："应该怎样从政呢？"孔子提出为政纲领："尊五美，屏四恶。"（20·2）"五美"即"君子惠而不费，劳而不怨，欲而不贪，泰而不骄，威而不猛"。一种解释是当政者要施行惠民的措施，让百姓得利却"不费"，即不奢侈浪费；另一种解释则将"费"加上火字旁，意思是彰显、自夸、炫耀。"劳而不怨"，当政者为维护公设须征劳役，当避开农忙时期，否则影响百姓生计，招惹民怨，这是"使民以时"的道理。"欲而不贪"，人人都有欲望，当政者有宏图，但绝不贪婪，量力而为。"泰而不骄"，当政者行事从容，绝无骄态。"威而不猛"，当政者对待百姓有威仪，但不严厉，表现适度且合理。这是从政的"五美"。子张进一步追问，什么是"惠而不费"呢？孔子说，"因民之所利而利之"，施政以百姓的利益为前提，不刻意讨好。虽然孔子说过

"君子喻于义，小人喻于利"（4·16），但不一味排斥利，而是见利思义。"择可劳而劳之"，这是对属下与百姓来讲的，年轻力壮者可以劳动，老人与病人则不行，一定要征发前者去劳动，如果不考虑时间因素，就会遭人埋怨。"欲仁而得仁，又焉贪？"求仁得仁。"君子无众寡，无小大，无敢慢"，这不就是"泰而不骄"吗？"泰"是舒泰，后面三句有甚深的意义。有些人将"无众寡""无小大"解释为做事不要以人多人少、大事小事为唯一的考量，这样的诠释过于表面。"众"与"小"应理解作动词，是说君子不可把少数人的主意当成大多数人的主意，把大事当成小事去处理，不敢抱有成见。"无敢慢"，做事不敢怠慢苟且，否则易生偏失。"君子正其衣冠，尊其瞻视，俨然人望而畏之，斯不亦威而不猛乎"，国君要有国君的仪态，令人生"望之俨然"的敬畏心。

子张问，"四恶"又是什么呢？孔子说："不教而杀谓之虐。"施行法令时顺先教导民众该怎么做，然后再严格执行，为政不能没有倡导期，不经倡导而杀人，那叫虐待。"不戒视成谓之暴"，不事先申诫便要求绩效，那叫残暴。"慢令致期谓之贼"，延迟授命，却又克期完成，那叫贼害。凡此种种都会影响施政的效果。"犹之与人也，出纳之吝谓之有司"，"有司"指负责出纳的专员，譬如终究要发放财物给人的"有司"，出手却显得悭吝，当政者应当杜绝这样的施为。

从以上"尊五美，屏四恶"中可以看出，孔子传授政治哲学，推荐学生帮季氏处理政务，这些都是孔子思想的精华。管理范围有大小，层次有高低，前面所说的是担任地方主管时的考量，但当国君来问政，孔子的答案显然就不同了，比如叶公问政，孔子说："近者悦，远者来。"（13·16）这是为政的大方向，指出人民生活的愿景，而不是在枝节上着眼。再看另一则，孔子答复齐景公问政，"君君、臣臣、父父、子子"（12·11），这里面隐含批评。齐景公不是个有德的国君，孔子所给出的答复并非一般。正面的说法，君守君道，臣守臣道，父守父道，子守子道，伦理教育落实了，政治才能安定。周朝实行宗法封建制度，政治以伦理为基础，通过亲情来化解政治的紧张关系，周公提出这一套以宗法为基础的治国平天下的理念，奠定周朝享有八百年天命。周朝的嫡长子称"宗子"或"元子"，如果嫡长子能够起到表率作用，能够令宗族心服与仰望，政治就不会分崩离析。除同姓之国外，异姓之国或者说封地的各个国君也同样维系"宗周"，所以，伦理教育非常重要。齐景公听了之后，大为赞赏地说："如果君不像君，臣不像臣，父不父，子不子，即使国家还有粮食，我还能享有吗？"这说明了伦理教育是为政立国不可或缺的要件。

有一章非常重要，有一天孔子到卫国去，所谓"鲁卫之政，兄弟也"（13·7），鲁、卫两国的政情相近，孔子在鲁国得不到发展，屡次到卫国等待机会，希望得到卫君的重用。可是，卫国本身存在一些问题，子路曾试探地问："如果卫君希望夫子为他做事，夫子认为哪项政策需要优先执行呢？"孔子说："必也正名乎！"（13·3）"正名"是《春秋》思想的核心。当时卫国父子争国，存在"名不正"的问题，国君不像国君，臣子不像臣子。子路一听，认为老师太迂腐了，总是讲正名，讲君君、臣臣、父父、子子之类，又怎么能处理事务呢？孔子就直接批评道："野哉！""野"表示子路说话实在没涵养。子路说孔子迂腐，孔子反过来说子路不懂事。"君子于其所不知，盖阙如也"

（13·3），面对自己所不知道的事情，君子会好好听别人讲，不会强不知以为知，这真是击中了子路的要害。

另有一章，孔子对子路讲"知之为知之，不知为不知，是知（智）也"（2·17），可见子路行事比较莽撞，欠缺周密的考虑，好凭一股蛮气行事。因此孔子告诉他，要有自知之明，这与"于其所不知，盖阙如也"的意思完全一样，可见孔子必然是针对子路的个性而说。孔子继续说，为政为什么要从正名开始呢？因为"名不正则言不顺"，君礼臣忠、父慈子孝，名分不能颠倒。"言不顺，则事不成；事不成，则礼乐不兴；礼乐不兴，则刑罚不中；刑罚不中，则民无所措手足"，最终导致人们不知如何行动，所以名、言、行之间有连带关系，"君子名之必可言也，言之必可行也"（13·3），说话绝不轻率随意，一语点破子路的急躁，同时也揭示了为政的基础。

第二节　文质损益的经世原理

《尧曰》一开始讲尧、舜、禹的"允执其中"之道，这既是《易》学的核心思想，也是经世的原理，而后面所讲的"谨权量，审法度，修废官"等具体步骤与内容，则是《春秋》的内涵。《尧曰》同时蕴含、传承这二者。所谓"谨权量，审法度"，这里的"法度"不是指法律，而是与法度有关，计一寸、一尺、一丈之类的"度"，算一斗、一斛容器大小的"量"，"权"则是称轻重，表明对统一的度量衡的标准，要怀有"谨""审"的态度。所谓"修废官"，是指修复原来国家早已荒废的必要机构。如果能够做到这三条，则"四方之政行焉"。

天子的任务是什么呢？"兴灭国"，有的国家并非自然消亡，而是被大国兼并，这样的国家需要得到恢复。若封建诸国没有宗子，等于国家灭亡，"继绝世"是不让国祚断绝，让一家一国的命脉能够延续。"举逸民"，把流散到各地的人才找回来，重拾民心。"天下之民归心焉"，政治的首要事务是能得"民"心，能解决"食"的问题，然后是在养生送死的过程中能得到人道尊严，所以"丧"礼非常重要。按照传统有"九服"之说，父母去世守丧三年，其他亲属则依伦序不等，这是维持亲疏远近的伦理关系。最后是"祭"，祭的对象是鬼神。"鬼"是对待自己祖先的称呼，"神"是对整个时代与人类群体有贡献的先贤的尊称。

传统的孝文化中，"事死如事生，事亡如事存"是对逝者永恒的怀念与感恩。一般人所了解的礼，往往指向具有宗教性的丧礼和祭礼，其实所谓"谨权量，审法度，修废官""兴废国，继绝世"等，无一不是礼。"宽则得众"，法令的设立不可过于严格、死板，要有回旋的余地，待人宽厚方能得到众人的拥护。"敏则有功"，如果能有敏锐的判断，能够"闻斯行诸"，一旦有好的政策就立即实行，自然会取得成效。最后则是"公则说"，政治家的所作所为只有秉持公心，不谋私利，才能得到人民的推崇、欢迎与信服，所谓"公"就是"天下为公"。这里提出了"宽""敏""公"三个原则。

以上所提，涉及春秋时代实际从政的重要原则，似乎跟当今的实情相去太远，不过，自古礼法因时而立。所谓"性相近"，为政本应为大多数人考虑，但也不能忽略少数人的权益，必须考虑到各方面。不同的时代有不同的需求，对礼法随时要修正，那修正的总原则是什么呢？《论语》的"林放问礼之本"一章阐明了礼的本末思想，本指礼的精神、立意，末指具体的节文、制度，不符合人性的制度应当随时改变。中国传统的礼是自然法，来源于社会民众的共许，非政府对标准的硬性规定，而是合乎人情的习俗，有它的地域性跟时移性。礼的本质是敬，制度、节文是人与人互动的行为准则，这种准则会随着时代变动，所谓"礼，时为大"（《礼记·礼器》），务本从大。孔子赞美林放问礼之本，说："大哉问！"可见林放对礼的了解已超出仪式节文的层次，要进一步探寻礼的本质。礼是对性情的安顿，让人的性情得到适当的抒发。"礼，与其奢也，宁俭"（3·4），行礼时，与其将礼器和礼文铺陈得十分奢侈，不如节俭。就丧礼而言，当时人非常讲究表面的铺张，寡存哀戚之心，所以才强调"宁俭"，至于哀戚过甚，实伤性情，也非丧礼所允许。有人泛情，可能摆脱不了至亲过世的痛苦，甚至产生随亲人而去的想法，显然这是违反了生生之道，因此圣人制订丧礼时特别考究节度。照孔子的说法，每个人对父母要怀三年养育之恩，对父母至少要守丧三年。这好像是一种形式上的回报，其实父母是否接收回报，不得而知，但对子女本身来讲，表现孝心是必要的。古代丧礼规定守孝的时间随情感的亲疏而有所不同，整个国家的行政制度也是一样，为适应时代的需要，有必要检讨原部门的存废或另设新机构。孔子说："麻冕，礼也；今也纯，俭，吾从众。拜下，礼也；今拜乎上，泰也。虽违众，吾从下。"（9·3）古代的祭礼是非常隆重的，需要戴上用麻做的帽子，到孔子所处的时代，则换成了一种布帽，这样更为简便，因此孔子说"吾从众"。"拜下，礼也"，在君主接见臣子的场合，臣子应在上台前对君主行拜礼，到了孔子所处的时代，臣子是上台后才行拜礼。这么做令人感到舒泰，可孔子却不愿从俗，宁愿遵从"拜下"的古礼，说明孔子有自己的考量。

子张问孔子，能否预知十世（三百年）后礼演变的情况呢？孔子说，殷朝因袭夏朝的礼而有所调整，周朝因袭殷朝的礼，同样有所调整。"其或继周者，虽百世可知也"（2·23），那接续周朝的礼也可依此推知，从这一章可知道孔子对礼的损益观点。孔子晚年作《春秋》，以《春秋》当新王立新礼，必与古周礼不完全一致。孔子说："郁郁乎文哉！吾从周。"（3·14）传统诠释将"吾从周"作肯定句，解释成孔子取法周礼的隆盛，要发扬周"文"的精神。但如果紧扣《春秋公羊传》的精神来看，笔者认为这应该是个疑问句。孔子早年从周，"宪章文武"，对文王、武王留下的典范有所继承，但春秋末年礼坏乐崩，过去的文化已经一去不复返，难以挽回。周文虽曾圆满，但在当时已变为奢侈的铺陈，所以"郁郁乎文哉"似乎是对周文的赞赏，但孔子却说"吾从周"，这就表示孔子晚年不再一味地从周，礼随着新时代的来临必要有所损益。按照《春秋公羊传》借事明义的方法，是将《鲁春秋》当作未来的新朝代看待，以《春秋》当新王，新王必改制，必依损益原则而立新礼，这是孔子作《春秋》的微意。

按照古代王者有德受天命的观点，新王受命，成立新的朝代。新王之所以承受天命，是因为他有德，以此来解释三代天命的转移。夏失天命，而后殷得天下，殷德消失，周德兴起。孔子晚年认为周朝已礼坏乐崩，说明周德已失，新王当兴起，新王要如何经纶天下？这就成了《春秋》经世之学的内容。《论语》中有"颜渊问为邦"一章，提到颜渊问孔子如何治理国家，孔子说："行夏之时，乘殷之辂，服周之冕，乐则《韶》《舞》。"（15·11）"舞"即谐音"武王"之"武"，《韶》《舞》是舜与武王的音乐，先说为善；"放郑声，远佞人。郑声淫，佞人殆。"（15·11）后说去恶，并说明去恶的理由。这一章对如何治国的项目说得极为简明。

颜渊在孔门中属于德行科，而德行科的弟子并非只考虑个人修德的问题，其实也涉及如何治国的道术。孔子说："为政以德，譬如北辰，居其所而众星共之。"（2·1）他认为以德行作为领导的道术，乃是人人归往的方式。据此，孔门的四科中，德行科相当于现在的"领导统御科"，专门培养领袖。政事科培养部长，言语科培养外交家，文学科则培养教育家。作为孔门高弟的颜渊与其他弟子所问不同，颜渊问"为邦"等于问未来新王如何治理天下。孔子说要"行夏之时"，显然不采周正。古人对自然节律的推定存在误差，因此新朝总要对前朝历法有所修订，在宗庙中颁行全国，由此来统一施政的步调。历法在古代农业社会中尤其重要，如果无法根据二十四节气来行动，天下将大乱。原来三代都有各自的正月，正月即纪年的起始月份，夏、商、周分别以寅月、丑月和子月为岁首，后来人们将正月与元月（也就是一月）混淆了，其实古时的朝代都依据不同的天文历法而颁布时政。《春秋》学开宗明义地宣称"春王正月"，新的时代要有新的正月。新王要以哪个月为正月呢？孔子认为当随夏历，以寅月为正月，这样比较符合自然的节奏。"乘殷之辂"，殷朝的车子比较简朴，不像周朝那样雕龙画凤。因为周朝文化发展到最后，问题出在过分铺张上。《论语》里有一章记载"宰予昼寝"（5·10），"昼寝"指睡午觉，但有一种解读称"昼"是错字，应为"画寝"，"画"是雕刻，"画寝"指雕饰寝室。孔子责难宰予说"朽木不可雕也"（5·10），意味着对追求奢华的批判。

颜渊问为邦一事，等于问未来治国要如何调整。在孔子看来，历法采用以寅月为岁首的夏历，外出乘殷式的简朴车子，配戴周式的礼帽，演奏舜、武的乐曲。"无为而治者，其舜也与？"《韶》表现舜的功勋，属文；《舞》表现武王的功勋，属武。二者在乐曲上呈显文武合一的精神。总而言之，孔子是对新王朝做模拟的礼制规划。"放郑声"，《韶》《舞》属于雅乐，而郑声是郑国民间流行的小调，十分悦耳，会让人纵情流湎，不像雅乐那样具有端正性情的作用，于是要搁置它。"远佞人"，佞人无是非，别有所图，君王要远离他，提防受到蒙蔽。"郑声淫，佞人殆"，"淫"是过度，"殆"即危险，这句话进一步说明了放声远人的缘故，凡此都与孔子晚年借《鲁春秋》，运用"笔法"，别嫌疑，明是非，贤贤贱不肖，寄寓如何经纶天下的思想有关。

有一章记载，孔子说："夷狄之有君，不如诸夏之亡也。"（3·5）表明夷狄有别，华夷之别不在于种族，而在于文化。夷狄不离质朴，尚留野蛮，华夏礼教隆盛为文明，文野的分别就是文化的高低、礼仪的厚薄。顺着这样的理解，是说夷狄有国君治理，还比不上诸夏无国君治理。换句话说，华夏再怎么乱，也总比夷狄不乱文明。有人认为，这一章是孔子批评当时的诸夏文化堕落，指出夷狄还知有国君，不像当前诸夏连君长也无。所以，这一章究竟怎样理解才恰当，值得深思。

治国采用何种方式决定可能上达的境界，比如"道之以政，齐之以刑"，可达霸道；"道之以德，齐之以礼"，可达王道。而王道之上尚有"天下为公"的帝道，孔子的经世思想中的确蕴含这三层境界。

德与力相对，力指富强，力在治理境界上属于低层次，单凭力量无法在治理中取得大成效，而高层次的治理需要道德。从《莫春篇》的论述来看，子路重"强"，冉有重"富"，公西华重"礼"，曾点则重"乐"，这就分成了四层境界。如果分作两层，那就是富强与礼乐，二者分别对应霸道与王道。孔子的《春秋》讲"王正月"，"王"就是王道，但王道在政治境界里只是居于中间的位置。王道固然比霸道高一层，但仍属于三代的"家天下"，并没有达到"帝道"（如尧、舜）的"公天下"。《公羊传》末就提到"君子乐道尧舜之道"，便是宣达这层意思。依孔子《春秋》义始于"拨乱"，然后"反正"。"拨乱"的第一个阶段是通过对富强的重视来达到"霸"的境界，再往上就是礼乐的境界。礼乐只是一个过渡，最高的是尧、舜的道德境界，我们由此可以了解所返之"正"，有小、中、大之分，因时移而有霸、王、帝三阶之"正"。《论语·泰伯》记载孔子说："泰伯，其可谓至德也已矣！三以天下让，民无得而称焉。"为什么孔子说泰伯具有至德呢？因为史传尧、舜交接王权是以禅让的方式完成的。《论语·卫灵公》也记载说："无为而治者，其舜也与？夫何为哉？恭己正南面而已矣。"（15·5）舜恭己而正南面，让位给禹，同样显出至德。相对三代以来，王位争夺的史实，孔子赞美泰伯有至德，谓"民无得而称焉"，其中一定有他所寄托的理念。

孔子说，文王给纣王做臣子时就能实现"三分天下有其二"，天下三分之二的人都推崇他。纣王无道，早被文王取代了，所以说："周之德，其可谓至德也已矣。"（8·20）何以文王有至德？纣王无道，文王养精蓄锐，依然愿意服侍。文王忧天下，演《周易》，为未来铺路，活络中国文化的源泉。孔子又说："能以礼让为国乎？何有？不能以礼让为国，如礼何？"（4·13）礼让是治国的必要条件，是作为君王的重要德行，针对当时的君位继承问题，依当时的世袭制度，作为嫡长子的泰伯即便能够顺利继承，也仍然谦让，因为他认为别人的德比自己深厚。换言之，有德的人一切以国家为重，不顾及个人的权位，乐意把君位让给更有德的人。对治理国家的方式，孔子有通透的分析，他曾说："道之以政，齐之以刑，民免而无耻；道之以德，齐之以礼，有耻且格。"（2·3）为政以他律威迫跟自律教化所得的效果不同。百姓在"政刑"之下唯有求避免犯法而无羞耻心，如果采用德礼，百姓就存有羞耻而自我改正。所以，为政者想要达到什么样的政治境界，的确应该考虑百姓内在的心理感受，以及采用何种手段来决定。

"大哉，尧之为君也！巍巍乎！唯天为大，唯尧则之。"（8·19）帝尧法天，得到孔子无限的推崇。帝舜法地，得到孔子"无为而治"的赞赏。道家讲无为而治，儒家也讲。就《易经》来说，尧体现了乾卦的精神，舜继尧，体现了坤卦的精神。尧法天道，自强不息，不断为公奋斗。舜则继尧位，发现尧已经做得很好了，只要延续他的基业即可。"无为"指顺应而不造作，"恭己正南面而已矣"，继续护持尧的德业，以"天下为公"为准则，一贯谦让，最终尧禅位给禹。尧、舜、禹之间的禅让即成中国政治哲学的最高典范。据另一章记载，孔子说："为政以德，譬如北辰，居其所而众星共之。"（2·1）"北辰"是北极星，为政以德就好像北极星那样，自身居中，而众星都环绕着它。也就是说，有德者永远得到众人的拥护，百官与百姓无不佩服这样有德的君王。

传统文献中提到尧、舜的德业的确太少，可喜的是1993年出土《郭店竹简》，其中提到"唐虞之道"，第1—2，20—21简所载的正好补充孟子失传的内容，提供了"尧舜之道"的文献依据。"唐虞之道"就是"尧舜之道"，其精髓就是"禅而不传"。"禅"是禅让，选贤举能，"不传"即不用世袭的方式。"尧舜之王，利天下而弗利也"，尧舜所作所为都有利于天下，绝不以此自我标榜，不谋一己之私，而是认为本来就是自己应该做的事。"禅而不传，圣之盛"，"禅而不传"是圣德的极致，"利天下而弗利"是仁德的极致。另外一条说"禅也者，上德授贤之谓也"，所谓禅让，就是把位置让给贤能的人。"上德，则天下有君而世明；授贤，则民兴效而化乎道"，"道"在孔子的整个学术思想中具有深刻的意义。"不禅而能化民者，自生民未之有也"，是说未通过禅让的方式而能感化百姓，自有百姓以来就没出现过。显然，在儒门看来，唯有通过禅让的方式，通过上德授贤的方式才能以道化天下；唯有将德教作为施政的内核，才能达到这一境界。

第三节　致治三阶论

孔子的思想有所谓致治三阶论。孔子的提法并非单一层面的平铺直叙，而是分层次，比如"志于道，据于德，依于仁，游于艺"（7·6），这是一个致治的过程，以志为发端，所有学习都往道的方向迈进，迈进的根据即为德。德的种类有很多，需要从其中的仁入手，逐步拓展各方面的知识，无论学何技艺，最后都要达到得心应手的境界。孔子的教学思想中也同样存在这样的理论，比如"可与共学，未可与适道；可与适道，未可与立；可与立，未可与权"（9·30），权变是孔学显发的极致，如此达到圆满的成就，所以说孔学始于仁，终于智。

"齐一变，至于鲁；鲁一变，至于道。"（6·24）如果要了解《论语》的这一章，就要知道"齐"代表致治的第一阶段，"鲁"代表致治的第二阶段，"道"则代表致治的终极阶段。前面讲《莫春篇》时，也提过富强属于霸道的内涵，礼乐属于王道的内涵，但王道在孔子的经世思想里只是居中的阶段，最后还是要上升到大道。孔子说："唯天为大，唯尧则之。"这样说来，大道就是天道，尧法天道而成帝道，帝道即天道。孔子借事明义，以"齐一变，至于鲁；鲁一变，至于道"来阐明致治三阶论，或说三层境界论。

如何正确理解《论语》这一章呢？它是历史的变化论，还是借事明义的致治三阶论？我们可从《史记·鲁世家》中的故事谈起。周武王平定天下后要分封鲁国与齐国，姜太公受封到齐国，鲁国本来是要封给周公的，但由于周天子非常仰赖他，需要他的辅佐，所以就封周公的儿子伯禽到鲁国当开国国君。二人分别治理各自的封地，五个月后，姜太公向周天子汇报齐国已经治理安定了，周公问他："你怎么这样快就治理好了呢？"姜太公答道："我简化君臣之礼，尊重原来的礼俗而不肆意更改。"姜太公治齐，采取弹性的策略，任人唯贤，谁做得好，就晋升谁。而伯禽治理鲁国，三年后才向天子报政，周公问他："你怎么这么晚才汇报呢？"伯禽回答说："为了改革旧有的礼俗，贯彻周礼，推守丧三年除服后才安定下来。"从此处来看，鲁国本是宗周一支，当然要贯彻周礼，可是齐国却采取弹性策略，相较之下，鲁国的政策就显得比较强硬。这是二者的不同之处。

齐国所追求的是什么呢？显然是以富强为首务，姜太公是军师，重实际，侧重军事和经济，因此采行富国强兵的策略。伯禽是周公的儿子，谨受父命，必当推崇礼乐，贯彻周礼，所以他花了三年时间，费了很大的劲，才将百姓教化到合乎周礼的要求。由此可知，治理国家有富强和礼乐两个层面，周礼强调的是王道的境界。从礼乐的境界继续向前迈进，会是什么样呢？那就是道德的境界吧！所以说"齐一变，至于鲁；鲁一变，至于道"，也就是由追求富强的境界提升到礼乐的境界，再进升到大道的境界。

孔子在这一章中把治理天下分成三层境界。第一层境界就是以齐国为代表的追求富强的境界，但是治理国家只追求富强显然不够，将来会出现问题，还是要追求合乎礼乐的社会才行。以齐国来讲，尚富强代表的是崇功利，鲁国可以说是尚礼乐、崇教化，在这里显出一种王道思想。其实王道之上还有尧、舜二帝"天下为公"的大道思想。由此可推知，孔子的政治思想有三层：第一层是以齐国为代表，追求富强的"霸道"；第二层是以鲁国为代表，追求礼乐教化的"王道"；第三层是以尧、舜为代表，推崇让贤为公的"帝道"。如此由低阶到高阶，境界逐步提升，这就是《春秋》的微言大义。《论语》这一章揭示了孔子晚年作《春秋》的要旨，亦即《春秋公羊传》所彰显的"三世"义理。如果不懂《春秋》义理，光凭《论语》这句话，按照朱子的历史进路去了解，绝对无法凸显深层的义理，至终也体会不出这层境界。

《说苑》也记载了这一则故事，只是所述各有详略，在此不妨做为补充。话说周公的儿子伯禽受封于鲁，姜太公则受封于齐。五个月后，姜太公汇报治理情况，周公问他为什么这么快，用了什么办法。太公说："尊贤，先疏后亲，先义后仁。"周公预断太公的恩泽可达到五世，这是筑了霸基。三年之后伯禽来朝，周公问他何以治理这么久，用了什么办法。伯禽说："亲亲，先内后外，先仁后义。"周公预断伯禽的恩泽可达十世，这是筑了王基。霸基采取尊贤优先的原则，王基采取亲亲优先的原则。事实上，齐祚不如鲁祚，因为太公之尊贤不如伯禽之亲亲，太公大贤，周公仁圣，齐、鲁各自享有太公与周公的恩泽教化。后世政教虽衰，"若有明君兴之，齐可使如鲁，鲁可使如大道行之时"，这是何晏《论语集解》中引用包咸注解的话。唐代的韩愈说："道，谓王道，非大道之谓。"他的学生李翱说："有王道焉，吾从周是也；有霸道焉，正而不谲是也。""正而不谲"是对齐桓公的评语。韩愈认为"道"指王道而非大道，我们则认为"道"即大道。春秋时代，齐俗崇功利、近夸诈，那是霸者遗风所致；鲁俗重礼教、崇信义，有王道之遗风。"但人亡政息，不能无废坠尔。道则先王之道也，言二国之政俗有美恶，故其变而之道有难易。"这是朱熹《论语集注》的说法。显然这是将文本视为史实来评论的，与我们所认识的不同。《论语》这一章，"齐""鲁""道"应指三个不同的理想治境。《管子·幼官》说："尊贤授德，则帝；身行仁义，服忠用信，则王；审谋章礼，选士利械，则霸。"可以用来参证。我们以前提过，霸、王、道的内涵各自为富强、礼乐、道德。从霸道到王道，再到天道或帝道，也就是由富强到礼乐，再到道德的过程。

《春秋》本是鲁国的历史，孔子以此作为具体的事例，通过对其的评判与历史书写，来彰显经纶天下的道理。《孟子·滕文公下》记载了孔子的一句话："知我者，其惟《春秋》乎！罪我者，其惟《春秋》乎！"因此，想要了解孔子的思想，就不能不了解《春秋》。孔子进一步表示，自己作《春秋》并不是修史，因为修史属于国家史官的工作，他毕竟不是史官，所以预料后人会怪罪他。但要深知孔子的心志，又不能离开《春秋》。孟子说："王者之迹熄而《诗》亡，《诗》亡然后《春秋》作。晋之《乘》、楚之《梼杌》、鲁之《春秋》，一也。其事则齐桓、晋文，其文则史。孔子曰：'其义则丘窃取之矣。'"当时各国有各国的历史书写，而孔子是运用《鲁春秋》的史文来表达自己的思想。孟子说，《春秋》所写的是有关齐桓公、晋文公这些霸者的事迹，书写也参照《鲁春秋》的史文，有合孔子论断的就照样采用，所以说"其义则丘窃取之矣"。孔子作《春秋》，其中书写作"赵盾弑其君"一句，这是因袭《鲁春秋》的史文。但事实上，赵盾并没有弑君，史官认为他是一个辅佐国政的人，回国后没有惩办凶手，史官认定赵盾应与凶手同罪，史笔如此，孔子照录，这表明孔子赞同晋史官的评断。当然也有不同，所以才有所谓"笔则笔，削则削"的说法。总之，《鲁春秋》只不过是孔子作《春秋》取材的史文。《春秋》的书写形式与《鲁春秋》相似，但绝不能将其看作另一本史书，因为《春秋》的核心在于"义"，是孔子"拨乱反正"的经世书。《春秋》书写五霸中的齐桓、晋文的事迹，都用了特殊笔法，不像《论语》直接作价值判断，如"晋文公谲而不正，齐桓公正而不谲"。根据《史记·孔子世家》的记载，孔子"因史记作《春秋》"，也就是因袭鲁史而作，从鲁隐公元年开始，记到鲁哀公十四年为止，共十二位国君，共二百四十二年。

接下来说："据鲁，亲周，故殷，运之三代。"这是《春秋公羊传》的"通三统"义，假托鲁隐公为始受命王，"亲周"表示周已被新王取代，殷自此改称"故殷"。这里的"亲"与"故"就是成语"非亲非故"中的"亲"与"故"，代表亲疏，比如周为新王时，殷称"亲殷"，夏称"故夏"。现在托鲁隐公为新王，以春秋当一代之治，首书"元年春王正月"，其中"王"是以《春秋》为一新朝代的新王，如此而已。因此"据鲁，亲周，故殷"是站在新王的立场上来讲的。一般学者把"运之三代"的"三代"解作夏、商、周三代，其实是种误解。这里的"代"原本作"世"，因为《史记》刊刻本在唐朝时避李世民之名讳，将"世"改作"代"，陈垣先生的《史讳举例》就指出了这一点。"运之三代"在《公羊》的微言大义里是指"张三世"，谓新朝代要通过三个阶段来完成。何休的《春秋公羊解诂》提到"见治起于衰乱之中"，后来称此为据乱世；"见治升平"为升平世，或称小康世；"见治太平"称作太平世。

经世理想并非一蹴可成。首先要先平乱，才能进入升平，经过升平才有希望进入太平，这种阶段论刚好与前述的"齐一变，至于鲁；鲁一变，至于道"合拍，可见"运之三代"跟"张三世"同义，正是孔子经世思想的总纲领。如果将孔子的《春秋》仅仅当作一部史书，就会忽略其中的微言大义。按照司马迁的记载，《春秋》"约其文辞而指博"，措辞简约，要旨博大。比如，当时吴楚之君自称"王"，但春秋时代王只能是周王，吴楚之君作为诸侯而自称"王"，那是僭越。所以，《春秋》从礼义的精神出发，将吴楚之君称作"子"，回到他们的本爵，这是典型的正名思想的体现。

"践土之会实召周天子"，这是说晋文公的事。晋文公不是因为大家都愿意接受他的领导，而是他要了权谋，召周天子来践土，然后昭告诸侯来朝，趁机主持这场会盟，当了霸首，所以孔子才说"晋文公谲而不正"。"《春秋》讳之，曰'天王狩于河阳'"，孔子为尊者讳。事实并不是周天子到河阳巡狩，但如果照事实书写，就会伤害周天子的尊严。"推此类以绳当世，贬损之义"，"绳"在此当动词用，对当世种种不正确的做法加以贬损、批判。"后有王者举而开之，《春秋》之义行，则天下乱臣贼子惧焉"，太史公对《春秋》义的理解是有师承的，他的老师就是董仲舒。董仲舒是公羊学的传人，他的《天人三策》就是以《春秋》义向汉武帝建言，陈述国家未来发展总方向的策书。我们也可从何休《春秋公羊解诂》中勾勒出《春秋》的纲领。《春秋》从头到尾都是以简洁的文辞记录历史事件，比如第一条只有鲁隐公"元年春王正月"六个字，鲁哀公十四年也只有"春，西狩获麟"五个字，如果没有前人的传注，我们就很难理解其中的微义。实在万幸，西汉有董仲舒，后汉有何休的传承，让我们从他们的阐发中约略理解《春秋》的要旨。

何休《春秋公羊解诂》以三世理论来区分春秋的历史阶段，把鲁昭公、定公、哀公三个国君的在位时期划为"所见世"，相当于孔子及其父所面临的历史阶段，属于"己与父时事"。文公、宣公、成公、襄公划为"所闻世"，相当于孔子的祖父所经历的历史阶段，属于"王父时事"。还有一个阶段是"所传闻世"，包括隐公、桓公、庄公、闵公、僖公，相当于孔子高祖、曾祖的历史阶段。值得注意的是，此处的叙述顺序由近及远，由作为太平世的"所见世"回溯到"所闻世"，再回溯到"所传闻世"。以经世的观点来看，"所传闻世"是《鲁春秋》记录的开始，也是周都东迁，礼乐崩坏的发端。就在此时，"见治起于衰乱之中"，借隐、桓、庄、闵、僖五公的时事来说明，在据乱世时代中如何治理天下。到了"所闻世"，借文公、宣公、成公、襄公的时事来说明如何"见治升平"，最后到"所见世"，借昭公、定公、哀公的时事来说明如何"著治太平"。

真正的历史是从初乱到大乱，孔子借史事应时提出治乱之方。《春秋》的每一条措辞都是一种判断，所书写的未必符合史实，因为"异辞者，见恩有厚薄，义有深浅。时恩衰义缺，将以理人伦，序人类，因制治乱之法"，通过《春秋》笔法来整饬人伦，重新定位人类秩序，归根结底就是防患于未然，经过妥善规划，避免乱世出现。何休在处理"所传闻之世"的时候，文本"用心尚粗觕"，抓住要点，不讲究细密，这个阶段"内其国而外诸夏"，对国内的事情写得特别详细。《春秋》以鲁国为内，其余诸国为外，华夏之外是夷狄，所以说"先详内而后治外"，由于史实过于繁杂，在这个阶段只记录大事，忽略小事。详录国内小恶，如果这时要将国外的小恶一并记录，就书不胜书了，所以笔法上讲究"内小恶书"。"大国有大夫，小国略称人"，大国与小国所预备的称呼不同。"内离会书，外离会不书"，"离会"是国际外文的聚会，鲁国与另一个国家开会，不合就离，所以"离"指二国会议的称呼。"会"则指三个国家以上的会称，仅写与鲁国有关的会议，可见其书写也有轻重缓急的区分。到了"所闻之世"，即"见治生平"的阶段，就要把诸夏纳入书写的范围，省略与夷狄有关的事，所以说"内诸夏而外夷狄"。由此出发，只要与诸夏有关的会议就要书写，对小国赋予大夫的名位。但到了"所见世"，则彰显太平世的景象，此时才赋予夷狄爵称，"夷狄进至于爵，天下远近大小若一"，笔法不再有区别。这时"用心尤深而详"，所以特别推崇仁义而"讥二名"，连一个人有两个名字这样的小恶都要批评，大恶已经不存在，人人有士君子之行。

《春秋》记载了两百四十二年的历史，为什么要取法鲁隐公到鲁哀公这十二位国君呢？并不是说他们都是好国君，而是说符合一年有十二个月的"天数"，目的是"著治法式"。

第四节　孔子的《春秋》义

根据《史记·太史公自序》的说法，"孔子知言之不用，道之不行也"，孔子发现当时的国君不重用自己，但心中仍希望道能行于天下。孔子在周游列国时没能实现这个理想，六十八岁时回到鲁国，赞《易》；到了七十岁左右，借鲁史作《春秋》。因此《春秋》有两种，一种叫"未修《春秋》"，就是鲁国的史记；另一种叫"已修《春秋》"。孔子借用十二公两百四十二年间的事情，通过笔法表明大义，让《春秋》义成为治理天下的"仪表"，于是"贬天子、退诸侯、讨大夫，以达王事而以矣"。依照董仲舒的传承，"王事"指《春秋》的理想。自春秋乃至唐代，"王"都被认为是中国政治的高峰。但根据我们的了解，"王"的概念比较含混，后来沦为夏、商、周的三王，那是"家天下"，而非"公天下"的"王"。因此，《礼记·礼运·大同》

推出更高的理想，也就是尧、舜的禅让政治。"大哉，尧之为君也！巍巍乎！唯天为大，唯尧则之"，尧法天，舜则地，其道为帝道。三王之道，礼乐完备，但毕竟采用世袭制度，所以"以达王事"的"王事"，其意义更加古老。

《春秋》讲王道，阐明礼乐的教化，因涉及五霸而讲霸道，据此讨论拨乱富强的方法。至于帝道，《春秋》经文中没有直接表明，但《公羊传》在"西狩获麟"中讲到了"尧舜之道"。《春秋》的要旨是"贬天子、退诸侯、讨大夫"，换言之，就是要拨乱。乱或起于天子，或起于诸侯，或起于大夫，整个社会的统治阶层存在问题，需要一一批判。《论语》中记载季氏"八佾舞于庭，是可忍也，孰不可忍也"（3·1），季氏是把持鲁政的三家之一，这是孔子针对大夫的批判。当时大夫是世袭的，父亲贤能，儿子却未必贤能，显然违背贤贤的制度，《春秋》"讥世卿"，就是针对世袭实况加以讥讽。春秋衰乱，很大程度是由宗法封建世袭之乱制而来的。"世"是父死子继的继承制度，采取这种制度固然一方面可以免除争夺，另一方面也十分强调"让"德，但国政难免落到少数贵族的手里，长此以往，一定会产生弊端。

同样，天子有过，也要被贬。《史记》记载董仲舒所传的《春秋》义，正有这种说法，可是《汉书·司马迁传》却将文本改成"贬诸侯、讨大夫"，故意删去"贬天子"，这跟东汉时儒教的尊君意识高涨有关。

总之，孔子的《春秋》大义既然主张"选贤举能""天下为公"，那么必然对世袭之乱制有所批判，何况周天子与诸侯！因此，孔子说："我欲载之空言，不如见之于行事之深切著明也。"与其写一本只讲理论而不落实际的书，不如借用鲁史的具体例子，运用笔法，透显经义。太史公说《春秋》："上明三王之道，下辨人事之纪，别嫌疑，明是非，定犹豫，善善恶恶，贤贤贱不肖。"其概括极为扼要显豁。"三王之道"必然求德，求德特别强调仁，"明三王之道"其实是凸显仁心。"王者往也"，王者为人人所归往，就是因为王者有德。"下辨人事之纪"，对人间事物的混乱要加以判别；"别嫌疑，明是非，定犹豫"，都是礼的范畴；"善善恶恶，贤贤贱不肖"，分辨众人的能力，推举贤人，遣退不肖。接下来说"存亡国，继绝世"，这与《论语·尧曰》完全合拍。"补敝起废"即《论语》中"修废官"的意思。"王道之大者也"是王道中最重要的事情，应该先做。因此，《春秋》的重点是如何落实王道。举例而言，《春秋》开宗明义地说鲁隐公"元年春王正月"，《春秋》正规书写有所谓"五始"例，也就是要具备"元""春""王""正月""公即位"五项，但《春秋》经不书"公即位"。原因何在？因为《公羊传》托鲁隐公有谦让之德，无意即位，所以不书"即位"。

如果按鲁国的历史来讲，"王"本应是东周时代的周天子，《左传》就是这样诠释的，但《公羊传》不确指周王，而别有所寄。通常情况下，应该用鲁隐公一年、二年、三年的说法，这里为什么用"元年"呢？董仲舒提到《春秋》"变一为元"，改变了鲁史原有的写法，这就蕴含了微言大义。另外，"春王正月"四字的顺序不能调换，王之所以为王，就因为顺应天道四时，这是《春秋》假托的理想王。如何休所说，《春秋》假借鲁隐公为始受命王，事实上这个人人所归往的王并不存在，像是小说中的主角，将其寄托为开太平的新王。"春"

放在"王"前，意思是王要顺承天道之行。继之以"正月"，因为新王要布政于天下，安定整个世界，将不正改为正，所以"正月"就是新王施政的始月。最后是"公即位"，王下面是诸侯，这个制度显然有周朝封建制度的影子，以周礼而言，各诸侯国隶属于周天子，国君称侯，对内称公，所以"公即位"为一国之始。

《公羊传》接下来讲："元年者何？君之始年也。""君者群也"，"君"是号召、领导群众的人，他能够组织群众，将没有次序的社会变得有秩序，像羊群中的领头羊那样，"始年"是君主安顿世界的开端。"春者何？岁之始也"，春是一年的开端，这是讲天道的四时运行。"王者孰谓？谓文王也"，这里不应采取史实的读法，将"文王"看作历史人物周公的父亲姬昌。何休说，"法其生，不法其死"，"文王"是指具有文德的王。"曷为先言王而后言正月？王正月也"，世袭的王都不算，只有"公天下"的新王，为天下百姓开辟新政。"何言乎王正月？大一统也"，"大"是动词，意思是以一统为大。《春秋》讲的是"一统"，可惜后代史家往往将它等同于法家的"统一"。统一指的是霸道与法治，一统指的是礼乐教化。统是开端的意思，一统以一为始，或者说始于一，一是本原，就是"拨乱反正"的"正"。"正"上面是"一"，下面是"止"，止于一就是"正"。"公何以不言即位？成公意也"，公之所以称为公，是因为赋予了秉公治理天下的能力，"成公意"就是成就公义而非私义。依《春秋》正名要义，君失群就不能为君，诸侯失公就无德居公的爵位，《春秋》"名"背后存在相应的要求，这已经脱离"鲁隐公"这个具体人物，只是借此来谈论公之所以为公的道理。《春秋》是以正名为手段，表达经世之义。

董仲舒在《春秋繁露》与《天人三策》的策一中论述"大一统"，他说："《春秋》之道，以元之深正天之端。""天端"是春，"元"则是春之前，也就是宇宙本体。天也有失时的时候，失时后要回归本原——元。"以天之端正王之政，以王之政正诸侯之即位，以诸侯之即位正竟内之治，五者俱正而化大行"，人道顺从天道，天道顺从宇宙本原。以《易经》而言，乾元与坤元，二者同出一"元"，孔子赞《易》亦以此为形上学的总根据。元为造化之端，自然意义就是天地。"天"的意义不确定，有时指造化本原，具有宗教意义；有时指自然的天，比如《老子》中的用法。《春秋》的"元"视同《易》的"元"。《易传》所言"乾道变化，各正性命"，"元"是万物性命的源头。

再看另一段，"《春秋》之文，求王道之端，得之于正。正次王，王次春"，"王"之后是"正"，由此来寻求王道的开端。"王"次于"春"，因为春是天之所为，"正"则是王之所为。董仲舒的诠释中，王者上承天之所为，而下正其所为，《春秋》的经世精神就是拨乱而回归正。如前所述，《礼记》与《论语》也有这样的分层。霸、王、帝的划分早已出现在先秦典籍中，《管子》更在"霸、王、帝"之上分了一个"皇"。古代政治思想早就分有"皇、帝、王、霸"四层。据《史记·商君列传》记载，商君在与秦孝公见面时，第一次向他讲帝道，孝公昏昏欲睡；第二次与他讲王道，孝公漫不经心；最后讲起霸道，孝公高兴得不得了。可见在战国时代，霸道的思想是主流，王道与帝道都显得过于高远，这种划分在《论语》中就是："齐一变，至于鲁；鲁一变，至于道。"从"道之以政，齐之以刑"到"道之以德，齐之以礼"，据此类推，尧、舜的做法当是"道之以道，齐之以德"，不同的道在不同的时代中呈现出不同的内涵。霸道讲富国强兵，王道讲亲亲尊尊、仁礼俱行，帝道讲尚贤受德。霸道以齐桓公、晋文公为代表，王道以禹、汤、文、武、周公为代表，帝道则以尧、舜为典范，体现了经世的初、中、高三阶段。由此可见，如果不懂得《春秋》三世义，实在很难发现《论语》也有这样的思想与经世蓝图。

以往论述孔子的经世思想，往往仅就《论语》立论，而疏于考究孔子晚年作《春秋》的心境，因此无法发现他的经世之志。本讲通过《春秋》观《论语》，我们发现《论语》中本有的致治三阶义，但有的后代学者往往对此视而不见或不得其解，只是对文本做些寻章摘句的解释。孔子的思想包含帝、王、霸三道，有的后代学者仅知王道一端，虽固然不错，但却不得其全。董仲舒在《春秋繁露·俞序》中称："《春秋》之道，大得之则以王，小得之则以霸。……霸王之道皆本于仁。仁，天心，故次之以天心。"孔子晚年本着天心而著《春秋》，其间有取于唐虞之帝道，有取于三代之王道，也有取于春秋之霸道，这些言论在《论语》中随处可见。因此，后代君子如果善解《论语》，那么帝、王、霸三阶的致治之道，就朗然在目。

最后，我们可对孔子思想的研究做个总结。孔子学说始于学《诗》、学《礼》，循礼文回溯到礼本，即仁义，再由仁义回溯到天命、天道，晚年将其所体悟的生生不已的《易》道作为原理，假托《春秋》新王受命，改制立法，著治法式，经纶天下，让天下成为天道流行的太平盛世。

引用书目

一、经子史义举要

1. 《重刊宋十三经注疏》，台北：东升出版事业公司影印。

2. 清华大学出土文献研究与保护中心：《清华大学藏战国竹简〈保训〉释文》，《文物》2009年第6期。

3. 老聃·王弼注：《老子》，台北，台湾中华书局，1967年8月台二版。

4. 杨伯峻：《孟子译注》，台北：河洛图书出版社，1977年5月台影印初版。

5. 司马迁：《史记》，仙华出版社，1972年。

6. 泷川资言：《史记会注考证》卷47，《孔子世家第十七》。

7. 陈垣：《史讳举例》，台北：文史哲出版社，1974年9月。

8. 班固：《汉书》，台北：史学出版社，1974年5月。

9. 刘向撰赵善诒疏：《说苑疏证》，台北：文史哲出版社，1986年10月台一版。

10. 何休：《春秋公羊传何氏解诂》，台北：台湾中华书局，1980年1月台三版。

11. 徐彦：《公羊传注疏》，台北：台湾中华书局，1968年2月。

12. 苏舆：《春秋繁露义证》，台北：河洛图书出版社，1974年3月。

13. 皮锡瑞：《经学通论》，台北：河洛图书出版社，1974年12月。

14. 熊十力：《读经示要》，台北：广文书局，1967年11月再版。

15. 廖名春：《帛书〈易传〉初探》，台北：文史哲出版社，1998年11月。

16. 林义正：《春秋公羊传伦理思维与特质》，台北：台大出版中心，2003年12月。

17. 林义正：《〈周易〉〈春秋〉的诠释原理与应用》，台北：台大出版中心，2010年12月。

二、《论语》疏释集著

1. 王素：《唐写本论语郑氏注及其研究》，北京：文物出版社，1991年11月。

2. 皇侃：《论语义疏》收入（台北：鼎文书局影印《古经解汇函》之二十一卷二。

3. 朱熹：点校新编《四书章句集注》，台北：鹅湖出版社，1984年9月。

4. 张栻：《南轩论语解》卷二，见索引本《通志堂经解》第35册，台北：汉京文化事业有限公司。

5. 刘宝楠：《论语正义》，见重编本《皇清经解续篇》第17册，台北：汉京文化事业有限公司。

6. 程树德：《论语集释》，台北：艺文印书馆，1965年3月初版。

7. 杨伯峻：《论语译注》，台北：河洛图书出版社，1978年12月台影印初版。

8. 宫崎市定：《论语の新研究》，东京：岩波书局，1974年6月。

三、孔子学说研究

1. 陈大齐：《孔子学说》，台北：正中书局，1977年7月台七版。

2. 林义正：《孔子学说探微》，台北：东大图书公司，1987年9月。

3. 林义正：《孔学钩沉》，台北：巨凯数位服务公司，2007年，页178。

4. 林义正：《孔子晚年心志蠡测——并为〈莫春篇〉作一新解》，台大《哲学论评》第24期（2001年1月）收入《孔学钩沈》中。

5. 廖名春：《孔子真精神——〈论语〉疑难问题解读》，贵阳：孔学堂书局，2014年7月。

四、相关义理资料

1. 纪昀总纂，《四库全书总目提要》（石家庄：河北人民出版社，2003年3月）卷一经部总叙。

2. 《大般涅槃经》卷6页642上，见大正新修《大藏经》，台北：白马精舍印经会影印，第12册。

3. 陈澧：《东熟读书记》卷二第9-10页。见重编本《皇清经解续篇》，台北：汉京文化事业有限公司，第20册。

4. 卡西勒：《人的哲学》（Ernst Cassirer：An essay on man），杜若洲译，台北：审美出版社，1976年9月初版。

5. 傅伟勋：《从创造的诠释学到大乘佛学》，台北：东大图书公司，1990年7月。

附录一

浅谈中国、西方与印度传统哲学

今天有幸能够与各位同道报告我的读书心得。[①]这与各位原先的阅读方式可能稍有不同。如前所说，"大家都环绕着十三经"，由于我的哲学专业背景，我不会只停留在字句与传统诠释上，而是希望能够确定"十三经"的思维路线。如果仅仅在整个中国文化的范围内进行比较，至多存在经学、子学与史学的划分。经学是最主要的思想底层，诸子百家则提供代表性意见，各种不同的思想在其中相互碰撞，具有很浓烈的哲学味道。然而，这种传统的读经方法面临着一个困境，即两千多年前的传统语言与现代的距离毕竟十分遥远，能否以哲学的方式提纲挈领地把握传统文化与传统思维的总方向，这是我十分关心的一点，至于细处的字句则交给专家去解释。这里的难点在于，如何从传统中将哲学本身提炼出来。哲学本身指明了一条道路，如果要看清这条道路，就需要将中国传统文化与西方思维中的丰富思想资源进行比较。另外，也不能忘记印度文化，佛学的源头其实就是印度哲学。从传统的吠陀哲学，到《奥义书》哲学，一直发展到后来对印度哲学的新的批判方向，佛教就是对传统印度哲学进行反省、批判的三个派别之一。这一派的影响向北延伸到中国，就演变成了大乘佛教一路，它的思维又具有怎样的特色呢？我特别强调所谓"哲学思维"的使

---

① 本讲稿系林义正先生应邀于2019年7月20日晚在北京大学作"中西印哲学的对比与会通"主题演讲的音频，今由寇倩女士整理，再经讲者修饰而成，谨此致谢。

用，这是一种高度凝练的思维。我们读任何书都不应拘泥于章句，而应关注章句所代表的共同方向，只有准确地把握这个方向，回过头阅读各种经文解释时才有路径可循，才不会陷于沼泽。我希望对这种较高层次的思维加以对比，由此来关注新时代与新文化的塑造。人类文化不应仅仅停留于个别的发展，而应该是属于地球、属于整个人类的文化，其间的交流是必不可少的。我们希望共同谋求未来世界文明的诞生，接下来的发言也是依照这种构想来的。

一、哲学就在日常语言当中

我一生读哲学、教哲学，常常会反思哲学究竟是什么。我曾经请教唐君毅先生，他也常有类似的想法。有趣的是，其他学科的学生绝不会怀疑自己所学为何，而唯有哲学系的学生永远在发问，可见哲学这门学问与其他学科处于不同层次，它毕竟是根本性的。如果把学问当作一棵树，哲学就是其根部，属于本根的部分，其他理论学科是枝干，各种专门学科则是枝叶。如果枝叶过于分散，彼此就很难沟通，真正的沟通需要从叶子回到小枝，回到树干，最终回到哲学这个"本"。哲学是否具有像数学、物理学或其他科学那样固定的内容呢？是否像一个装满的麻袋那样，如果将其中的东西拿掉，哲学也就不复存在了呢？这就取决于我们如何看待哲学。

在我看来，理论术语固然高深，但哲学就存在于我们简单的日常语言当中。以儒家而论，我们常说："你究竟知不知道？不知道的话就要知道。""知道"是很平常的说法，但如果仔细去想，要知那个"道"可不简单。儒家与道家都讲"道",一旦想到这里,我们就会发现,先人在使用这种日常语言时就是哲学家,而且还在不断加以提醒。我们孩提时,大人就问:"知道不知道?"然而,我们只知"知道"两字,却不知这是引领我们去认识根本性的"道"。又比如道家认为,做事情要"认真","真"就是道家追求的目标,它不同于科学的"真"。再如佛教思想,我们在生活中常说"要觉悟,没有觉悟不行","觉悟"的说法就来自佛教。这些都是非常平凡的日常语言,我们常讲"知道""认真""觉悟",却不明白什么是"道"与"真",不明白彻底的觉悟究竟悟到了什么。儒、道、释三家是中国哲学的主流,是整个中国文化的总体性思考脉络。我们不要忘记,无论黄河、长江,还是淮河,最终都要汇入太平洋。未来的学问中,三家你中有我,我中有你,这也是佛教《华严经》所讲"一滴水含百川味"的道理。从前交通不发达的时候,各个国家与地区很难相互沟通,但现在我们仅凭一部手机,就能瞬间了解世界各地正在发生的事情,所以未来的世界绝不会局限于某个地区,而一定会以全球性的交流为基础。人类的生存总要朝向未来,而所有哲学的根本智慧就在于为人类的生存谋出路。不过,不要忘记这一求存的过程已经持续了数千年,它在各种不同的文化系统中会形成不同的文化定向,因此西方、中国与印度各有各的文化特色。由此一来,当地球上各种不同的文化相互交流时,我们就更需要对彼此有充分的了解。

那么,"知道""认真""觉悟"究竟是什么呢?"道"原本是走路的意思,它既意味着目标,又意味着历程,再比如方法、手段、道路等,含义十分丰富,可以就此进行语言分析。道家教人"认真",

也就是破除成见而去认识生命的真实性，这是它的基本观点之一。道家有很多涉及消除偏见的工夫论。"觉悟"则涉及境界与观点的问题，人们往往用一种自己所认定的观点看待世界，却从来不去反省自己的观点本身的偏差，所以"悟"与反省有关：唯有通过甚深的反省，才能知道自己的见解有无偏颇。见解与工夫决定了所能抵达的境界，境界决定了所做的工夫，这在道家同样十分明显。因为中国的学问，或者说所有哲学学问，都不只是思辨而已，其最终归宿是引领我们的行动与实践，也就是改变整个人类在世界上的生存方式，告诉我们怎样才能活得更好、更快乐，这是整个人类精神的共同方向。

二、哲学的六个面向

哲学并非固定之物，而是一种活动，"道"就是一种"学哲"的活动。按照《尚书》的说法，"睿则哲"，"哲"是智慧，哲学就是学习智慧的活动。西方人所谓哲学由philo与sophia构成，也就是爱智的意思，philosophy就是爱好智慧的活动。作为活动的哲学不具有固定的内容，只要爱好智慧，就会对接触到的每一个领域与观点进行反省。哲学之所以为哲学，其最重要的出发点之一就是反省。如果由中国哲学的本根出发，自下而上来看，可以说中国哲学的语言基本上是农业社会的投射。我们画图大都是由下往上画，因为本根在下，《易经》画卦也遵循由下而上的原则，由初、二、三、四、五、上诸爻叠加，这是效法植物的生长过程。孔子讲"君子上达，小人下达"，儒家的基本学问就是"上达"之学，或者说整个中国思想的基本方向都是如此。按照儒家的讲法，"道"是一种活动，可以对应西方的logos（逻各斯），它是几千年流传下来的概念，并非道家的专利，孔子就有"志于道，据于德，依于仁，游于艺""朝闻道，夕死可矣"等说法。《尚书·洪范》讲"皇极"，皇者大也，极者中也，这一路所讲的是大中至正之道。中国之"中"并非地理概念或民族名称，而是一个文化理想的概念，也就是求"中"的文化，忘记求"中"就无法达到这一境界。因此，"中"的概念对于了解中国文化而言非常重要。中国哲学是学哲的活动，是求道的过程，它虽与西方的哲学活动在侧重点上略有区别，但仍有共通之处，比如《中庸》讲博学、审问、慎思、明辨、笃行，"学"就要"知"，其目标在于活动与实践，西方偏重于对"知"的探索，东方则偏重于"行"，所以东方的学问常常讲"工夫"，以此来代表实践，工夫与体验有关。"知"当然需要，王阳明说"知者行之始，行者知之成"，知与行间有一条实践的脉络。现在，人们把二者放在主客对立的科学活动当中，知归知，行归行，大学教育不教工夫，只教知识，说难听些就是"知识贩卖"。可传统的书院并非如此，所谓"道"更强调师生之间的交流互动，像《论语》中每云"子曰"，实际上是弟子问、孔子答，只是记录者往往只记下了老师的回答而已。

如果作一归纳，可以说作为"学哲"或求道活动的哲学具有六个面向，这六个面向基本涵盖了东西方哲学的要点。所有哲学的根本之一就是反省，没有反省就没有哲学，反省是思考活动的第一步。人们在沟通中发现彼此的用语有所差异，比如孟子主张性善，荀子主张性恶，对于同一个"性"的判断产生了冲突，那么二者所说的"性"都是在什么意义上使用的呢？我们发现孟子的"性"指天生的道德良知，荀子则以情欲、欲求为"性"，二者的用法不同。哲学史上，人们往往只看到字面上的冲突，如果弄清背后的观念，就能看出孟子与荀子的说法并无冲突。因此，"厘清"也是一种哲学活动，这在西方近代以来的语言哲学中尤其明显，它对传统的西方哲学加以反省，认为哲学有许多理论冲突，其问题的根源即各说各话，没有厘清概念。由此出发，任何命题的表达与沟通都必须以澄清所使用的语言概念为基础，这样一来很多问题就会自然消除，因为它们本来就是由于误解而产生的。

厘清的工作属于概念层次，概念与概念组合成命题，命题就是论断。许许多多的论断结合起来就成了理论，比如孟子主张性善，荀子主张性恶，他们都要对这些说法的前提与依据给出进一步的解释，前提之间构成了一套说法，最终得出结论。因此，如果要判断一套理论是否能自圆其说，就要反省其背后的前提。每种理论都有其适用范围，以儒家而言，孔子讲"性相近也，习相远也"，既没有讲性善，也没有讲性恶，这一说法在后世得到了进一步发展，因为孔子对"性"的界定与西方的本质观不同，他认为性是灵活的，生生不息。《中庸》讲"天命之谓性"，上天将命赋予物，物承受此命，并以此作为自己的本质，所以性与命不过是从不同角度对同一事实所作的陈述而已，性的本源是天。如果要厘清"天"的概念，就要对整个中国哲学史进行回溯。殷朝时有所谓"帝"的观念，而到了周朝，"天"的观念开始盛行。"天"在当时具有多种位格的意义，但逐渐下落、演变为道德的意义，所以中国哲学的基本路线就是由"地"而"天"。这种体会可以分为两个方向：一是自然规律的视角，比如道家出身于史官，喜欢讲自然是有规律的，它"不为尧存，不为桀亡"，荀子在天道观方面也受到道家路线的影响；儒家的"天"则是价值与道德意义上的"天"。"天"的两个意义彼此连通，但侧重点不同，这就引出各家的不同开展，比如作为史官的道家侧重于历史规律的研究，作为司徒的儒家则强调教育的角度，强调人文意义的发挥。换言之，前者讲自然，后者讲人文。中国的"十三经"基本上是人文之教，道家居于次要地位，不过孔子拜老子为师，老子也希望孔子问礼。"礼"是周朝文化的总称，"礼乐"其实是文化的总称。

每个理论都有其适用范围，如果认定只有某个理论是真的，必然会产生冲突，应当从批判的角度出发，对看似冲突的理论进行重新思考，给予它们适当的位置。理论各有优点，各有观照，可以处理不同的面向，通过批判的方式使理论各归其位，就可以实现一种综合，将不同的理论学说提升为更高层的理论，从而获得真正的认识。从反省与追求本根的自觉到语言的厘清，到理论的批判，再到理论的综合，这一过程对认识中的真理做了高度统合，但这仍属于"知"的层次，学问不能停留在这里，再下一步的"知"还要考虑价值的问题。人文活动基本是价值选择的问题，"物有本末，事有终始"，不应将"格物致知"在科学意义上进行解释，实际上"格"的就是"本末"。何为本，何为末？"孝悌也者，其为仁之本与"，这里就出现了"本"的概念。"本末"是中国传统思想的基本范畴之一，我们知道中国文化，尤其是儒学文化，关注的是价值概念与价值体系，忠、孝、仁、义、礼等价值纷繁复杂，需要具有一定的先后顺序，才能在价值体系落实到个别行为时，对其价值进行评价。"博学审问"，审问就是我们所谓反省，不应将"学"作名词理解为知识，它是学习与实践的活动。按照朱子的讲法，"学者效也"，即模仿或重复实践，向优秀的人学习，《白虎通义》则讲"学者觉也"，以学为觉悟，所以单是对"学"的概念进行澄清，就足以发现其与我们通常赋予的意义有所差别。

知道哪个价值是本，哪个价值是末，接下来就要实践，也就是《中庸》所谓"笃行"。以此来反省"博学"的概念，"博"就有综合的意味在内；"学"包括反省，还要厘清语言，批判理论，并分辨本末先后，把种种观念与价值弄清楚。中国人文教育的重点在于评价，比如传统上面临的"忠孝难两全"的问题，再如"经与权"的问题：行礼有一般规范，但在紧急状况下就不能按照平常的方式去做，需要有所变通。孔子说，"可与共学，未可与适道；可与适道，未可与立；可与立，未可与权"，儒家的学问以"权"为目标，只有达到"权"的境界才能与孔子的智慧相契。

西方哲学从前苏格拉底时期开始，经由柏拉图、亚里士多德，一直演变到今天，虽然也在变化，但柏拉图意义上的"知识"就是所谓真理——"truth"，后来康德重视知识的构造，西方对于知识有原本的定义与基本的标准。西方对于知识固然讲得很好，晚近的西方哲学也逐步向价值方面探索，但他们毕竟还是采用主客对立的方式，通过对概念的思索形成理论体系，这是西方思想的特点。古代中国不太强调理论的系统性，《论语》等早期文本往往以随机指点为形式，提供行动的指导。行动是价值的活动，而非物理学的运动，人文活动涉及目的，而目的意味着价值，最终体现为实践。西方强调知识的掌握，倾向于将知行分开讲，把行的部分归于上帝，中国的哲学与宗教则并未有所切分，这背后的原则我们稍后还要提及。

总之，道是一种活动，它是通过这六个互相含摄的面向来进行的。反省之中有对实践的反省，有对评价的反省，也有对综合、批判与厘清的反省，厘清同样离不开其他五个面向。如果这里用《华严经》中的"因陀罗网"来表述，就有圆融无碍的意味，各要点之间互相关联，因提点的需要才有划分。比如王阳明有时讲"先知后行"，这与诸子的说法不同；他有时又从"成人"、从君子的立场讲知与行，认为知行是人类自我完成的活动，两者无法分割，没有先后、轻重可言，最终即所谓"知行合一"。是否要分开讲，取决于人生活动的层面。科学研究中，需要暂时将情欲抛开，做到"价值中立"，尊重绝对纯粹的客观，不能因为得出的结果不符合预期，而去修改研究数据。然而，科学是否能达到纯粹的客观呢？这是科学的迷思。英国物理、化学家和哲学家迈克尔·波兰尼（Michael Polanyi 1891—1976）同时也是一位科学家，他指出科学活动背后有艺术的精神：既然是人，总离不开价值活动，做实验时可能有若干个备选方案，为什么研究者会选择先尝试其中某一个呢？或出于喜好，或出于对可能性的判断，其间仍有先后本末的区别。所以，科学也并非纯粹中立的，人的活动毕竟呈现混融的样貌，这就是我们为何首先要澄清对哲学的误解。哲学并非某种固定之物，而是一种活动，是一种反省的行为，它要求从博学进而审问、慎思、明辨，不仅要明辨真假，还要明辨善恶，善恶、对错、美丑都关乎价值。

三、中国、西方与印度传统哲学中的致知

接下来，我们要对中国、西方与印度的"致知"做一对比。致知就是求知。从方法论上看，中国的求知活动基本上是人本的活动，出于情理的要求；西方的求知则采取对立形态，"神本"与"物本"此消彼长，所以西方哲学内部常起冲突，一正一反两股力量互相斗争。或者说，二者在西方居于平等位置，如果一定要以某一个为本，就会导致文化的不稳定。西方文化追求"理"，中国讲"情理"，"理"不离"情"，而西方人追求脱离情的理，它归于物即物理，归于神即上帝的命令，这是西方文化的终极处。印度文化则是"梵本"文化，以大梵为本。"梵"是清净的意思，相当于中国传统中"天"的概念，这种文化具有空灵的特质，后来佛教也继承了这一传统。原始佛教讲"因缘"，讲所谓"空"，也就是事物没有任何本质，这与西方要么物本、要么神本的本质论相反。西方文化认为瓶子之所以为瓶子，是因为它具有本身的性，这个性是固定的，由此延伸到人有固定的灵魂。可是按照"空"的讲法，任何事物都是因缘条件和合而成的，合而有，分则无，没有本质的问题。中国的思想方法与经典形式是什么呢？是"和合"，如《中庸》所谓"极高明而道中庸"，中国思想讲究"而"，是一种"and"的学问，用"and"来连接两个词语。何以见得？比如《论语》说"学而不思则罔，思而不学则殆"，强调学与思不可分割；讲人性有"仁"与"智"，独仁无智、独智无仁都不行，仁而无礼则愚。宋明理学家强调仁，要求诚意、正心、爱人，但如果

没有区隔，爱到受骗而不知，就是愚的表现。相反，有的人很有智慧，而没有爱心，就会沦为"诈"，所以君子要实现仁与智的兼顾。以逻辑的方式而言，中国是"and"的逻辑。西方人从语法和语句的分析来讲逻辑，其实就是讲究语句连词，合取是"and"，排斥则是"or"，比较常用的有"and""or""if""not"等连词，所有语句都能以之表达，甚至有人认为只需简省为"not"与"or"两个词即可。中国思想是"and"系统，西方则是排斥性的"or"，选择A就不能再选B，以排中律为主。

以佛教的《中论》《十二门论》为代表的印度思想则同时排斥二者，鸠摩罗什等般若学者研究《般若经》，经文的核心就是"空"。从形上学来看，这就是主张任何事物的本性都是空的，虽有现象，却无本质，一切都是因缘和合而生，因缘消失就不复存在。为什么佛教特别强调这一点？因为它面临的问题是如何脱离人生的苦难，如果苦没有本质，就总是会消失的。之所以会产生苦，是因为人们没有放空，一直把空当成有，事物本身生住异灭，没有东西永远存在，如果将事物错当成固定的东西，就会为此痛苦一生，解决之道就在于尽早认清问题在于心理，而非事物本身。佛教基于这种超越性的逻辑而"一法不立"，佛经中的"法"与法律或法家的"法"不同，它有六种含义，但最根本的意思就是"存在"或"事物"，既包括具体之物，也包括抽象的观念。儒家所谓"物有本末"的"物"也包括想法与观念。总之，"物"是作为对象存在的。用哲学语言来讲，作为认识之对象的存在就叫作物。用文字学来讲，"牛"加上"勿"为物，古代祭祀时要用牛，"勿"意味着很灿烂，物就是指为人们所看到的"东西"。

总之，中国有和合的观念，西方有非此即彼的观念，印度则是站在超越的立场上将两方面都否定掉。"空"当动词用，就是扫除一切不必要的执着，执着起于认知的错误，即认定存在本质，因此唯有从认知上彻底破除这种二分的对立性，才能实现根本的超越。我们由此回到方法论的问题，方法论背后预设了认识的态度。中国的人文哲学认为两端互为主客，主客同时存在、相互依存，文化脉络表现为相互关联的系统，就像"互"字本身具有"你中有我，我中有你"的结构。《易经》强调"交"，只有通过交流，生命才能延续。中国哲学强调"生生"，最终要回归到"生"。"易"是生生，《易经》讲的是生生之道，而生生要通过主客间的关系与脉络来实现。比如汉字并不具有独立的本质性意义，其意义随语境而有不同，而在西方语言中，每个词都有特别的符号与意义，甚至有中性、阴性、阳性的分别。越了解中国文字的特点，也就越了解中国的哲学，因为思想离不开语言，语言离不开符号的构造。中国文字的奥妙就在于能够用最少的字表达最丰富的意义，并将意义置于语言的脉络当中。尤其是诗的语言，人随着年龄的增长，所能领会的意境也不同，因为我们在读诗时自己也参与其中，从而让诗的意义呈现出来，意义就是我们的感受、价值与活动，这种认识活动始终处于关系的脉络中。

　　西方的观点是科学式的，讲究主客分离，认为存在永恒固定的东西。印度则要同时否定主客两边，认为严格意义上并不存在主客，主客的区分来自人类生活一时的需要，这种固定性一旦超过了生活所需，变得僵化，就会成为痛苦的来源，因此要将其彻底瓦解。从般若学的否定论出发，"色即是空"，形形色色的存在之物都以空为本质，反过来讲，"空即是色"，只要因缘聚合，万事万物就会出现。凡人的日常认识停留于五官的感觉，想象是一回事，并不能真正影响现实，而到了觉悟时，就能领会"色即是空，空即是色"的境界，这与我们作为认识对象所了解的命题不同，《心经》所使用的是境界语言，而非日常生活的语言。当然，世界上还有阿拉伯文化，我们对其多有忽略，不过，阿拉伯文化是神本的一支，因为从《旧约》到《新约》，再到后来的其他派别，基本贯彻一神教的原则。一神教的源头是希腊时代的多神教，后来经过理性化的历程，以一神教的胜利告终，能够信仰并体会上帝的理想人格是先知。理解了这一点，就能够把握中西方不同哲学著作的基本走向。

四、中国与西方的语言结构

下面来对中西方的语言结构作一分析。西方文化以希腊为原点，亚里士多德著有《工具论》，其中论述了他的逻辑学，这种逻辑学就是由语言分析得出的，也就是分析一个命题的主词与谓词，由此发展出注重系统分析的哲学，这种哲学强调本体论，试图把握事物的终极结构。以原子论为例，它认为任何事物都是为终极的、不可再分割的原子所组成，这就是它的本质论与本体论。这个本体是通过主客对立的认识方式得以把握的。西方认识论有两条路线，一条重视五官感觉或曰经验，另外一条重视理性或曰逻辑思维，两条路线彼此构成补充：经验是始端，逻辑是终点，靠经验进行归纳，靠逻辑与理性得出必然，从而使得对未来的预测成为可能，这是西方思想的妙处。

中国的语言体系不符合主述结构，这一点十分特别。以《春秋》为例，里面记载"某年某月某日，雨"。"雨"本身似乎是名词，但在此处应该是"下雨"的意思，名词作动词用，有名词而无描述。按照西方语言的主述结构，比如"花是红的"，"花"是主词，"红的"是述词，这是一种叙述，而《系辞传》就可以说"某年某月某日，花"，以"花"指涉"开花"。再如中文的"白"，既可以当名词，也可以当动词、形容词、副词等，一个字可以具有多种功能，这就是一字多义现象。中国诗的语言也是如此，比如"春风又绿江南岸"，明明"绿"是抽象的形容词，这里当动词用，一下就让诗句灵动起来。以前的人学汉语并不需要学习语法，只需要阅读就可以逐渐将其掌握，而西方语言有语法，如今的研究者以此为参照，来对中国古代的语法规则进行归纳，试图以西方的主述结构来理解中国的非主述结构。中国语文固然可以部分还原成主述结构，但并不能全部以此解析。汉语中词性的转换充满奥妙，如果懂得中国诗词中语言的转换，能够创造新语法，也就成了伟大的诗人。由此来考察中国哲学的发展脉络，就会发现其所重视的并非所说的内容，而是所传达的意境，境界论与工夫论相互关联。文学批评中常常涉及境界论，比如王国维先生在《人间词话》中提出的"有我之境"与"无我之境"，无论文学、美学还是哲学，中国学问总关注这些高层的境界。《庄子·天下》中谈及道家的修养功夫，儒家讲君子、讲圣人，道家也讲圣人，但还要讲高于圣人的至人乃至于天人，这也是一种境界理论。要达到天人的境界则需要工夫，所以道家的重点在于工夫实践，魏晋玄学则是道家思想的哲学化与理论化。本体论强调语言的把握，中国学问则往往"以不说说"，有一次孔子说"予欲无言"，子贡就问："子如不言，则小子何述焉？"孔子答道："天何言哉！四时行焉，百物生焉。天何言哉！"重要的不是说，而是做，重在实践。个人的实践不需要对别人负责，但作为老师，作为被请教的对象，就要用语言来回应请教者。有些听者能够举一反三，有些听者的理解能力较差些，这时就只好"人不知而不愠，不亦君子乎"。

五、哲学的境界

古希腊时期以来，西方哲学家大都认为：变是不可能的，不变才是究竟。这种"不变"的观念就是本质哲学的源头。不过，赫拉克利特与黑格尔的哲学强调变化，这与中国《易经》哲学的路线相近。从不变的观点出发，就要承认同一律，A永远只能与A等同，而从变的角度出发，每一个刹那事物都在变化，不存在绝对前后一致的事物。赫拉克利特说"人不能两次踏进同一条河流"，因为之前碰到脚的水已经流走了，这种变的哲学在晚近的西方思想中才逐渐得到重视，早期思想则以静为主。《易经》讲"变易""时中""中正""中和"，中国哲学具有兼重变易、不易与简易的"性理的精神"。这里没有用"理性"，而是用"性理"，这是为了承续中国"天命之谓性"的人文主义传统。《易传》讲："乾道变化，各正性命。""乾道"就是天道，天道变化，生育万物，让万物拥有各自的生命，并按照各自所禀受的性命去发展，充分地发展就叫"尽性"，即《中庸》所谓"尽己之性，尽人之性，尽物之性"，让每个人的存在都得到充分、圆满的实现。每个人都有禀受于天的能力与天性，要将这种无形的、潜在的能力充分发挥出来，这就是"尽性"的学说。

王国维先生的《人间词话》中讲，"词以境界为上""能写真景物，真感情者，谓之有境界"，境界又分"有我"与"无我"。有我的境界是以我来观，那么"物皆着我之色彩"，情感注入对象中，比如"泪眼问花花不语，乱红飞过秋千去"。无我之境则是"不知何者为我，何者为物"，比如"采菊东篱下，悠然见南山"。王国维提过，古今要成就大事业、大学问的人，一定要经过三种境界：第一种境界是"昨夜西风凋碧树，独上高楼，望尽天涯路"；第二种是"衣带渐宽终不悔，为伊消得人憔悴"，措辞非常优美；第三种境界有反省的意味，"众里寻他千百度，蓦然回首，那人却在灯火阑珊处"，就像人老时拿着针找针、拿着眼镜找眼镜那样。王国维认为"此等语皆非大词人不能道"。人生境界何尝不是如此？诸多大修行人所言，亦可与之相通。

再举一个大家耳熟能详的禅宗例子。《五灯会元》里面记载，青原惟信禅师上堂说："老僧三十年前未参禅时，见山是山，见水是水。"后来向懂佛教的人学习，知道了如何修行："及至后来亲见知识，有个入处，见山不是山，见水不是水。"最后经过不断磨炼功夫，修行达到了一定的境界："而今得个休歇处，依前见山只是山，见水只是水。"最终的境界并非简单地回到原点而已，起初的"见山是山"不过是看到表面，只有到了最后才能看到真正的山。第一层境界是世俗的阶段，第二层是对从前过错的醒悟，但这种否定仍然是过渡阶段。最终要达到综合的肯定，不再迷惑，有了"山还是山"的定见，开悟与否就取决于此。《鹤林玉露》记载一位开悟尼师的说法："尽日寻春不见春，芒鞋踏遍陇头云。归来笑拈梅花嗅，春在枝头已十分。"可谓异曲同工之妙。中国哲学里，"知道""认真""觉悟"三者通而为一，而中国、西方、印度传统哲学各有所长，在人类认知的开展过程中，有初步的经验层次，有理性思考的层次，还有更高的领悟融通层次，因此不能用一个来批评、否定另一个，不应偏重于任何一端。做学问最重要的是观其同异，把握相同点与相异点，这才能称为善学者。只见其异，则不能容人，会把别人当成异端，其实不同之处往往浮于表面，深处与原点仍是共通的，用中国哲学的说法来讲，这是因为人们都为"天之所生"，都"禀天之性"，拥有一切可能，只是可能性的开展程度有所不同。《论语》中有的人十分可惜，虽然资质不错，可是半途而夭，没有得到结果就死掉了。生命有其全面开展的时候，《易经》有"元亨利贞"，一年有春夏秋冬，人不可能永远处于某一个季节，始终在轮转。人年老后的体力不如年轻时，可年轻人却体认不到老人的境界，所以我们在面对未来时需要"大其心""体天下之道"，放开心胸，消除嗜欲，以天地之道为体，"体"的意思就是互相体贴而不分开，就是将心比心，这样才能生生不息。对于君子而言，"唯天为大，唯尧则之"，尧的伟大之处在于法天，舜的伟大在于法地，尧舜之道就是法天地之道。我们后人要做君子，要向贤人学习，贤人向圣人学习，"仰之弥高，钻之弥坚"，要不断往上学习、探索。"君子上达，小人下达"，小人总认为自己没有能力，自居下流，眼光短浅，我们需要将眼光放长远一些，按儒家的说法就是"大其心"，法天为大；道家则是反过来想，大的前提是不要执着。如果胸中塞满成见，再好的事物也无法进入，所以必须把心放空。因此，人的境界有高低，心灵者得之，只有放空自己，心才能"灵"。不灵则如物，灵则如神，所谓"神灵"就是这么回事。

附录二

节选原典

一、《论语》（节选）

学而第一

1·1　子曰："学而时习之，不亦说乎？有朋自远方来，不亦乐乎？人不知而不愠，不亦君子乎？"

1·3　子曰："巧言令色，鲜矣仁。"

1·4　曾子曰："吾日三省吾身：为人谋而不忠乎？与朋友交而不信乎？传不习乎？"

1·12　有子曰："礼之用，和为贵。先王之道，斯为美；小大由之。有所不行，知和而和，不以礼节之，亦不可行也。"

1·14　子曰："君子食无求饱，居无求安，敏于事而慎于言，就有道而正焉，可谓好学也已。"

1·15　子贡曰："贫而无谄，富而无骄，何如？"子曰："可也。未若贫而乐，富而好礼者也。"子贡曰："《诗》云'如切如磋，如琢如磨'，其斯之谓与？"子曰："赐也，始可与言《诗》已矣！告诸往而知来者。"

为政第二

2·1　子曰："为政以德，譬如北辰，居其所而众星共之。"

2·3 子曰:"道之以政,齐之以刑,民免而无耻;道之以德,齐之以礼,有耻且格。"

2·4 子曰:"吾十有五而志于学,三十而立,四十而不惑,五十而知天命,六十而耳顺,七十而从心所欲,不逾矩。"

2·5 孟懿子问孝。子曰:"无违。"樊迟御,子告之曰:"孟孙问孝于我,我对曰:'无违。'"樊迟曰:"何谓也?"子曰:"生,事之以礼;死,葬之以礼,祭之以礼。"

2·14 子曰:"君子周而不比,小人比而不周。"

2·15 子曰:"学而不思则罔,思而不学则殆。"

2·17 子曰:"由,诲汝,知之乎?知之为知之,不知为不知,是知也。"

2·20 季康子问:"使民敬忠以劝,如之何?"子曰:"临之以庄,则敬;孝慈,则忠;举善而教不能,则劝。"

2·22 子曰:"人而无信,不知其可也。大车无輗,小车无軏,其何以行之哉?"

2·23 子张问:"十世可知也?"子曰:"殷因于夏礼,所损益,可知也。周因于殷礼,所损益,可知也。其或继周者,虽百世,可知也。"

八佾第三

3·1 孔子谓季氏:"八佾舞于庭,是可忍也,孰不可忍也?"

3·3 子曰:"人而不仁,如礼何?人而不仁,如乐何?"

3·4 林放问礼之本。子曰:"大哉问!礼,与其奢也,宁俭;丧,与其易也,宁戚。"

3·5　子曰："夷狄之有君，不如诸夏之亡也。"

3·7　子曰："君子无所争，必也射乎？揖让而升，下而饮，其争也君子！"

3·11　或问禘之说。子曰："不知也。知其说者之于天下也，其如示诸斯乎！"指其掌。

3·14　子曰："周监于二代，郁郁乎文哉！吾从周。"

3·15　子入太庙，每事问。或曰："孰谓鄹人之子知礼乎？入太庙，每事问。"子闻之曰："是礼也？"

3·19　定公问："君使臣，臣事君，如之何？"孔子对曰："君使臣以礼，臣事君以忠。"

3·25　子谓《韶》："尽美矣，又尽善也。"谓《武》："尽美矣，未尽善也。"

里仁第四

4·2　子曰："不仁者，不可以久处约，不可以长处乐。仁者安仁，知者利仁。"

4·4　子曰："苟志于仁矣，无恶也。"

4·5　子曰："富与贵，是人之所欲也；不以其道得之，不处也。贫与贱，是人之所恶也；不以其道得之，不去也。君子去仁，恶乎成名？君子无终食之间违仁，造次必于是，颠沛必于是！"

4·8　子曰："朝闻道，夕死可矣。"

4·9　子曰："士志于道，而耻恶衣恶食者，未足与议也。"

4·10　子曰："君子之于天下也，无适也，无莫也，义之与比。"

4·11　子曰："君子怀德，小人怀土；君子怀刑，小人怀惠。"

4·13　子曰："能以礼让为国乎？何有？不能以礼让为国，如礼何？"

4·15　子曰："参乎！吾道一以贯之。"曾子曰："唯。"子出，门人问曰："何谓也？"曾子曰："夫子之道，忠恕而已矣。"

4·16　子曰："君子喻于义，小人喻于利。"

4·24　子曰："君子欲讷于言而敏于行。"

公冶长第五

5·9　子谓子贡曰："女与回也孰愈？"对曰："赐也何敢望回？回也闻一以知十，赐也闻一以知二。"子曰："弗如也！吾与女弗如也！"

5·10　宰予昼寝。子曰："朽木不可雕也，粪土之墙不可杇也。于予与，何诛？"

5·11　子曰："吾未见刚者。"或对曰："申枨。"子曰："枨也欲，焉得刚？"

5·13　子贡曰："夫子之文章，可得而闻也；夫子之言性与天道，不可得而闻也。"

5·14　子路有闻，未之能行，唯恐有闻。

5·16　子谓子产："有君子之道四焉：其行己也恭，其事上也敬，其养民也惠，其使民也义。"

5·26　颜渊、季路侍。子曰："盍各言尔志？"子路曰："愿车马，衣轻裘，与朋友共，敝之而无憾。"颜渊曰："愿无伐善，无施劳。"子路曰："愿闻子之志。"子曰："老者安之，朋友信之，少者怀之。"

5·28　子曰："十室之邑，必有忠信如丘者焉，不如丘之好学也。"

雍也第六

6·3　哀公问："弟子孰为好学？"孔子对曰："有颜回者好学，不迁怒，不贰过。不幸短命死矣！今也则亡，未闻好学者也。"

6·12　冉求曰："非不说子之道，力不足也。"子曰："力不足者，中道而废，今女画。"

6·13　子谓子夏曰："女为君子儒，无为小人儒！"

6·18　子曰："质胜文则野，文胜质则史。文质彬彬，然后君子。"

6·19　子曰："人之生也直，罔之生也幸而免。"

6·21　子曰："中人以上，可以语上也；中人以下，不可以语上也。"

6·23　子曰："知者乐水，仁者乐山。知者动，仁者静。知者乐，仁者寿。"

6·24　子曰："齐一变，至于鲁；鲁一变，至于道。"

6·27　子曰："君子博学于文，约之以礼，亦可以弗畔矣夫！"

6·29　子曰："中庸之为德也，其至矣乎！民鲜久矣。"

6·30　子贡曰："如有博施于民而能济众，何如？可谓仁乎？"子曰："何事于仁？必也圣乎！尧舜其犹病诸？夫仁者，己欲立而立人，己欲达而达人。能近取譬，可谓仁之方也已！"

述而第七

7·2　子曰："默而识之，学而不厌，诲人不倦，何有于我哉？"

7·3　子曰："德之不修，学之不讲，闻义不能徙，不善不能改，是吾忧也。"

7·6　子曰："志于道，据于德，依于仁，游于艺。"

7·7　子曰："自行束脩以上，吾未尝无诲焉。"

7·8　子曰："不愤，不启；不悱，不发。举一隅，不以三隅反，则不复也。"

7·17　子曰："加我数年，五十以学《易》，可以无大过矣。"

7·18　子所雅言，《诗》、《书》、执礼，皆雅言也。

7·20　子曰："我非生而知之者，好古，敏以求之者也。"

7·21　子不语：怪、力、乱、神。

7·23　子曰："天生德于予，桓魋其如予何？"

7·24　子曰："二三子以我为隐乎？吾无隐乎尔！吾无行而不与二三子者，是丘也。"

7·25　子以四教：文、行、忠、信。

7·28　子曰："盖有不知而作之者，我无是也。多闻，择其善者而从之，多见而识之，知之次也。"

7·29　互乡难与言。童子见，门人惑。子曰："与其进也，不与其退也；唯，何甚！人洁己以进，与其洁也，不保其往也。"

7·37　子曰："君子坦荡荡，小人长戚戚。"

泰伯第八

8·2　子曰："恭而无礼则劳，慎而无礼则葸，勇而无礼则乱，直而无礼则绞。君子笃于亲，则民兴于仁；故旧不遗，则民不偷。"

8·8　子曰："兴于诗，立于礼，成于乐。"

8·19　子曰："大哉，尧之为君也！巍巍乎！唯天为大，唯尧则之。荡荡乎，民无能名焉。巍巍乎，其有成功也。焕乎，其有文章！"

8·20　舜有臣五人而天下治。武王曰："予有乱臣十人。"孔子曰："才难，不其然乎？唐虞之际，于斯为盛。有妇人焉，九人而已！三分天下有其二，以服事殷；周之德，其可谓至德也已矣。"

子罕第九

9·2　达巷党人曰："大哉孔子！博学而无所成名。"子闻之，谓门弟子曰："吾何执？执御乎？执射乎？吾执御矣。"

9·3　子曰："麻冕，礼也；今也纯，俭，吾从众。拜下，礼也；今拜乎上，泰也。虽违众，吾从下。"

9·6　大宰问于子贡曰："夫子圣者与？何其多能也！"子贡曰："固天纵之将圣，又多能也。"子闻之，曰："大宰知我乎？吾少也贱，故多能鄙事。君子多乎哉？不多也。"

9·8　子曰："吾有知乎哉？无知也。有鄙夫问于我，空空如也。我叩其两端而竭焉。"

9·11　颜渊喟然叹曰："仰之弥高，钻之弥坚。瞻之在前，忽焉在后。夫子循循然善诱人，博我以文，约我以礼，欲罢不能。既竭吾才，如有所立卓尔。虽欲从之，末由也已。"

9·12　子疾病，子路使门人为臣。病间，曰："久矣哉！由之行诈也。无臣而为有臣，吾谁欺？欺天乎？且予与其死于臣之手也，无宁死于二三子之手乎？且予纵不得大葬，予死于道路乎？"

9·17　子在川上曰：“逝者如斯夫！不舍昼夜。”

9·27　“不忮不求，何用不臧？”子路终身诵之。子曰：“是道也，何足以臧？”

9·29　子曰：“知者不惑，仁者不忧，勇者不惧。”

9·30　子曰：“可与共学，未可与适道；可与适道，未可与立；可与立，未可与权。”

先进第十一

11·12　季路问事鬼神。子曰：“未能事人，焉能事鬼？”曰：“敢问死。”曰：“未知生，焉知死？”

11·13　闵子侍侧，訚訚如也。子路，行行如也。冉有、子贡，侃侃如也。子乐：“若由也，不得其死然。”

11·18　柴也愚，参也鲁，师也辟，由也喭。

11·19　子曰：“回也其庶乎！屡空。赐不受命，而货殖焉，亿则屡中。”

11·22　子路问：“闻斯行诸？”子曰：“有父兄在，如之何其闻斯行之？”冉有问：“闻斯行诸？”子曰：“闻斯行之。”公西华曰：“由也问：‘闻斯行诸？’子曰：‘有父兄在。’求也问：‘闻斯行诸？’子曰：‘闻斯行之。’赤也惑，敢问。”子曰：“求也退，故进之；由也兼人，故退之。”

11·26　子路、曾皙、冉有、公西华侍坐。子曰：“以吾一日长乎尔，毋吾以也！居则曰：‘不吾知也。’如或知尔，则何以哉？”子路率尔而对曰：“千乘之国，摄乎大国之间，加之以师旅，因之以饥馑，由也为之，比及三年，可使有勇，且知方也。"夫子哂之。

"求，尔何如？"对曰："方六七十，如五六十，求也为之，比及三年，可使足民。如其礼乐，以俟君子。""赤，尔何如？"对曰："非曰能之，愿学焉。宗庙之事，如会同，端章甫，愿为小相焉。""点，尔何如？"鼓瑟希，铿尔，舍瑟而作，对曰："异乎三子者之撰。"子曰："何伤乎？亦各言其志也。"曰："莫春者，春服既成，冠者五六人，童子六七人，浴乎沂，风乎舞雩，咏而归。"夫子喟然叹曰："吾与点也！"

三子者出，曾皙后。曾皙曰："夫三子者之言何如？"子曰："亦各言其志也已矣！"曰："夫子何哂由也？"曰："为国以礼，其言不让，是故哂之。""唯求则非邦也与？""安见方六七十，如五六十，而非邦也者？""唯赤则非邦也与？""宗庙会同，非诸侯而何？赤也为之小，孰能为之大？"

颜渊第十二

12·1 颜渊问仁。子曰："克己复礼为仁。一日克己复礼，天下归仁焉。为仁由己，而由人乎哉？"颜渊曰："请问其目。"子曰："非礼勿视，非礼勿听，非礼勿言，非礼勿动。"颜渊曰："回虽不敏，请事斯语矣。"

12·7 子贡问政。子曰："足食，足兵，民信之矣。"子贡曰："必不得已而去，于斯三者何先？"曰："去兵。"子贡曰："必不得已而去，于斯二者何先？"曰："去食。自古皆有死，民无信不立！"

12·11 齐景公问政于孔子。孔子对曰："君君、臣臣、父父、子子。"公曰:"善哉!信如君不君,臣不臣,父不父,子不子,虽有粟,吾得而食诸?"

12·16 子曰:"君子成人之美,不成人之恶。小人反是。"

12·17 季康子问政于孔子。孔子对曰:"政者,正也。子帅以正,孰敢不正?"

12·19 季康子问政于孔子曰:"如杀无道,以就有道,何如?"孔子对曰:"子为政,焉用杀?子欲善而民善矣。君子之德风,小人之德草,草上之风,必偃。"

12·20 子张问:"士何如,斯可谓之达矣?"子曰:"何哉,尔所谓达者?"子张对曰:"在邦必闻,在家必闻。"子曰:"是闻也,非达也。夫达也者,质直而好义,察言而观色,虑以下人。在邦必达,在家必达。夫闻也者,色取仁而行违,居之不疑。在邦必闻,在家必闻。"

12·23 子贡问友。子曰:"忠告而善道之,不可则止,毋自辱焉!"

子路第十三

13·1 子路问政。子曰:"先之,劳之。"请益。曰:"无倦。"

13·2 仲弓为季氏宰,问政。子曰:"先有司,赦小过,举贤才。"曰:"焉知贤才而举之?"曰:"举尔所知。尔所不知,人其舍诸?"

13·3 子路曰:"卫君待子而为政,子将奚先?"子曰:"必也正名乎?"子路曰:"有是哉!子之迂也。奚其正?"子曰:"野哉!由也。君子于其所不知,盖阙如也。名不正则言不顺,言不顺则事不成，事不成则礼乐不兴，礼乐不兴则刑罚不中，刑罚不中则民无所错手足。故君子名之必可言也，言之必可行也。君子于其言，无所苟而已矣！"

13·4 樊迟请学稼。子曰："吾不如老农。"请学为圃。曰："吾不如老圃。"樊迟出。子曰："小人哉！樊须也。上好礼，则民莫敢不敬；上好义，则民莫敢不服；上好信，则民莫敢不用情。夫如是，则四方之民，襁负其子而至矣！焉用稼？"

13·6 子曰："其身正，不令而行；其身不正，虽令不从。"

13·7 子曰："鲁卫之政，兄弟也。"

13·10 子曰："苟有用我者，期月而已可也，三年有成。"

13·13 子曰："苟正其身矣，于从政乎何有？不能正其身，如正人何？"

13·16 叶公问政。子曰："近者说，远者来。"

13·17 子夏为莒父宰，问政。子曰："无欲速，无见小利。欲速，则不达；见小利，则大事不成。"

13·18 叶公语孔子曰："吾党有直躬者，其父攘羊，而子证之。"孔子曰："吾党之直者异于是！父为子隐，子为父隐，直在其中矣。"

13·20 子贡问曰："何如斯可谓之士矣？"子曰："行己有耻，使于四方，不辱君命，可谓士矣。"曰："敢问其次。"曰："宗族称孝焉，乡党称弟焉。"曰："敢问其次。"曰："言必信，行必果，硁硁然小人哉，抑亦可以为次矣。"曰："今之从政者何如？"子曰："噫！斗筲之人，何足算也！"

13·21 子曰："不得中行而与之，必也狂狷乎！狂者进取，狷者有所不为也。"

13·22　子曰："南人有言曰：'人而无恒，不可以作巫医。'善夫! 不恒其德，或承之羞。"子曰："不占而已矣。"

13·23　子曰："君子和而不同，小人同而不和。"

13·26　子曰："君子泰而不骄，小人骄而不泰。"

13·29　子曰："善人教民七年，亦可以即戎矣。"

宪问第十四

14·4　子曰："有德者必有言，有言者不必有德。仁者必有勇，勇者不必有仁。"

14·7　子曰："爱之，能勿劳乎? 忠焉，能勿诲乎?"

14·12　子路问成人。子曰："若臧武仲之知，公绰之不欲，卞庄子之勇，冉求之艺；文之以礼乐，亦可以为成人矣!"曰："今之成人者何必然? 见利思义，见危授命，久要不忘平生之言，亦可以为成人矣!"

14·19　子言卫灵公之无道也。康子曰："夫如是，奚而不丧?"孔子曰："仲叔圉治宾客，祝鮀治宗庙，王孙贾治军旅，夫如是，奚其丧?"

14·23　子曰："君子上达，小人下达。"

14·28　子曰："君子道者三，我无能焉：仁者不忧，知者不惑，勇者不惧。"子贡曰："夫子自道也。"

14·29　子贡方人。子曰："赐也贤乎哉? 夫我则不暇。"

14·42　子路问君子。子曰："修己以敬。"曰："如斯而已乎?"

曰："修己以安人。"曰："如斯而已乎？"曰："修己以安百姓。修己以安百姓，尧舜其犹病诸！"

卫灵公第十五

15·1　卫灵公问陈于孔子。孔子对曰："俎豆之事，则尝闻之矣；军旅之事，未之学也。"明日遂行。

15·3　子曰："赐也，女以予为多学而识之者与？"对曰："然！非与？"曰："非也！予一以贯之。"

15·5　子曰："无为而治者，其舜也与？夫何为哉？恭己正南面而已矣。"

15·6　子张问行。子曰："言忠信，行笃敬，虽蛮貊之邦，行矣；言不忠信，行不笃敬，虽州里，行乎哉？立，则见其参于前也。在舆，则见其倚于衡也。夫然后行。"子张书诸绅。

15·11　颜渊问为邦。子曰："行夏之时，乘殷之辂，服周之冕，乐则《韶》《舞》。放郑声，远佞人。郑声淫，佞人殆。"

15·17　子曰："群居终日，言不及义，好行小慧，难矣哉！"

15·18　子曰："君子义以为质，礼以行之，孙以出之，信以成之。君子哉！"

15·21　子曰："君子求诸己，小人求诸人。"

15·22　子曰："君子矜而不争，群而不党。"

15·24　子贡问曰："有一言而可以终身行之者乎？"子曰："其恕乎！己所不欲，勿施于人。"

15·25　子曰："吾之于人也，谁毁谁誉？如有所誉者，其有所试矣！斯民也，三代之所以直道而行也。”

15·26　子曰：“吾犹及史之阙文也。有马者借人乘之，今亡矣夫！”

15·29　子曰：“人能弘道，非道弘人。”

15·31　子曰：“吾尝终日不食，终夜不寝，以思。无益，不如学也。”

15·32　子曰：“君子谋道不谋食。耕也，馁在其中矣！学也，禄在其中矣！君子忧道不忧贫。”

15·37　子曰：“君子贞而不谅。”

15·39　子曰：“有教无类。”

季氏第十六

16·1　季氏将伐颛臾，冉有、季路见于孔子曰：“季氏将有事于颛臾。”孔子曰：“求！无乃尔是过与？夫颛臾，昔者先王以为东蒙主，且在邦域之中矣，是社稷之臣也！何以伐为？”冉有曰：“夫子欲之，吾二臣者，皆不欲也。”孔子曰：“求！周任有言曰：‘陈力就列，不能者止。’危而不持，颠而不扶，则将焉用彼相矣？且尔言过矣！虎兕出于柙，龟玉毁于椟中，是谁之过与？”冉有曰：“今夫颛臾，固而近于费，今不取，后世必为子孙忧。”孔子曰：“求！君子疾夫舍曰欲之而必为之辞。丘也，闻有国有家者，不患寡而患不均，不患贫而患不安，盖均无贫，和无寡，安无倾。夫如是，故远人不服，则修文德以来之！既来之，则安之！今由与求也，相夫子，远人不服而不能来也，邦分崩离析而不能守也，而谋动干戈于邦内。吾恐季孙之忧，不在颛臾，而在萧墙之内也。”

16·2　孔子曰："天下有道，则礼乐征伐自天子出。天下无道，则礼乐征伐，自诸侯出。自诸侯出，盖十世希不失矣！自大夫出，五世希不失矣！陪臣执国命，三世希不失矣！天下有道，则政不在大夫。天下有道，则庶人不议。"

16·5　孔子曰："益者三乐，损者三乐。乐节礼乐，乐道人之善，乐多贤友，益矣！乐骄乐，乐佚游，乐宴乐，损矣！"

16·8　孔子曰："君子有三畏：畏天命，畏大人，畏圣人之言。小人不知天命而不畏也，狎大人，侮圣人之言。"

16·9　孔子曰："生而知之者，上也；学而知之者，次也；困而学之，又其次也；困而不学，民斯为下矣！"

16·10　孔子曰："君子有九思：视思明，听思聪，色思温，貌思恭，言思忠，事思敬，疑思问，忿思难，见得思义。"

16·11　孔子曰："'见善如不及，见不善如探汤。'吾见其人矣，吾闻其语矣。'隐居以求其志，行义以达其道。'吾闻其语矣，未见其人也！"

16·13　陈亢问于伯鱼曰："子亦有异闻乎？"对曰："未也。尝独立，鲤趋而过庭，曰：'学《诗》乎？'对曰：'未也。''不学《诗》，无以言。'鲤退而学《诗》。他日又独立。鲤趋而过庭，曰：'学礼乎？'对曰：'未也。''不学礼，无以立。'鲤退而学礼。闻斯二者。"陈亢退而喜曰："问一得三：闻《诗》，闻礼，又闻君子之远其子也。"

阳货第十七

17·2　子曰："性相近也，习相远也。"

17·3　子曰："唯上知与下愚不移。"

17·4　子之武城，闻弦歌之声，夫子莞尔而笑曰："割鸡焉用牛刀?"子游对曰："昔者，偃也闻诸夫子曰：'君子学道则爱人，小人学道则易使也。'"子曰："二三子！偃之言是也，前言戏之耳。"

17·8　子曰："由也，女闻六言六蔽矣乎?"对曰："未也。""居！吾语女。好仁不好学，其蔽也愚。好知不好学，其蔽也荡。好信不好学，其蔽也贼。好直不好学，其蔽也绞。好勇不好学，其蔽也乱。好刚不好学，其蔽也狂。"

17·11　子曰："礼云礼云，玉帛云乎哉? 乐云乐云，钟鼓云乎哉?"

17·13　子曰："乡原，德之贼也。"

17·14　子曰："道听而涂说，德之弃也。"

17·17　子曰："巧言令色，鲜矣仁。"

17·19　子曰："予欲无言。"子贡曰："子如不言，则小子何述焉?"子曰："天何言哉? 四时行焉，百物生焉。天何言哉?"

17·20　孺悲欲见孔子，孔子辞以疾。将命者出户，取瑟而歌，使之闻之。

17·23　子路曰："君子尚勇乎? "子曰："君子义以为上。君子有勇而无义为乱，小人有勇而无义为盗。"

子张第十九

19·4　子夏曰："虽小道，必有可观者焉；致远恐泥，是以君子不为也。"

19·5　子夏曰："日知其所亡，月无忘其所能，可谓好学也已矣！"

19·12　子游曰："子夏之门人小子，当洒扫应对进退则可矣！抑末也！本之则无，如之何？"子夏闻之，曰："噫！言游过矣！君子之道，孰先传焉？孰后倦焉？譬诸草木，区以别矣！君子之道，焉可诬也？有始有卒者，其惟圣人乎？"

19·22　卫公孙朝问于子贡曰："仲尼焉学？"子贡曰："文武之道，未坠于地，在人。贤者识其大者，不贤者识其小者，莫不有文武之道焉。夫子焉不学？而亦何常师之有？"

尧曰第二十

20·1　尧曰："咨！尔舜，天之历数在尔躬。允执其中，四海困穷，天禄永终。"舜亦以命禹。曰："予小子履，敢用玄牡，敢昭告于皇皇后帝，有罪不敢赦；帝臣不蔽，简在帝心。朕躬有罪，无以万方；万方有罪，罪在朕躬。"周有大赉，善人是富。"虽有周亲，不如仁人。百姓有过，在予一人。"谨权量，审法度，修废官，四方之政行焉。兴灭国，继绝世，举逸民，天下之民归心焉。所重：民、食、丧、祭。宽则得众，信则民任焉，敏则有功，公则说。

20·2　子张问于孔子曰："何如斯可以从政矣？"子曰："尊五美，屏四恶，斯可以从政矣！"子张曰："何谓五美？"子曰："君子惠而不费，劳而不怨，欲而不贪，泰而不骄，威而不猛。"子张曰："何谓惠而不费？"子曰："因民之所利而利之，斯不亦惠而不费乎？择可劳而劳之，又谁怨？欲仁而得仁，又焉贪？君子无众寡，无小大，无敢慢，斯不亦泰而不骄乎！君子正其衣冠，尊其瞻视，俨然人望而畏之，斯不亦威而不猛乎？"子张曰："何谓四恶？"子曰："不教而杀谓之虐，不戒视成谓之暴，慢令致期谓之贼。犹之与人也，出纳之吝，谓之有司。"

20·3 子曰："不知命，无以为君子也；不知礼，无以立也；不知言，无以知人也。"

二、《易经》（节选）

1.乾卦

☰乾：元亨利贞。

初九：潜龙勿用。

九二：见龙在田，利见大人。

九三：君子终日乾乾，夕惕若，厉，无咎。

九四：或跃在渊，无咎。

九五：飞龙在天，利见大人。

上九：亢龙有悔。

用九：见群龙无首，吉。

《彖》曰：大哉乾元，万物资始，乃统天。云行雨施，品物流形。大明终始，六位时成，时乘六龙以御天。乾道变化，各正性命。保合大和，乃利贞。首出庶物，万国咸宁。

《象》曰：天行健，君子以自强不息。

潜龙勿用，阳在下也。

见龙在田，德施普也。

终日乾乾，反复道也。

或跃在渊，进无咎也。

飞龙在天，大人造也。

亢龙有悔，盈不可久也。

用九，天德不可为首也。

《文言》曰："元"者，善之长也；"亨"者，嘉之会也；"利"者，义之和也；"贞"者，事之干也。君子体仁足以长人，嘉会足以合礼，利物足以和义，贞固足以干事。君子行此四德者，故曰"乾，元亨利贞"。

初九曰："潜龙勿用"，何谓也？子曰："龙德而隐者也。不易乎世，不成乎名，遁世无闷，不见是而无闷。乐则行之，忧则违之，确乎其不可拔，潜龙也。"

九二曰："见龙在田，利见大人"，何谓也？子曰："龙德而正中者也。庸言之信，庸行之谨，闲邪存其诚，善世而不伐，德博而化。《易》曰：'见龙在田，利见大人'，君德也。"

九三曰："君子终日乾乾，夕惕若，厉，无咎"，何谓也？子曰："君子进德修业，忠信，所以进德也；修辞立其诚，所以居业也。知至至之，可与几也；知终终之，可与存义也。是故居上位而不骄，在下位而不忧，故乾乾因其时而惕，虽危无咎矣。"

九四曰："或跃在渊，无咎"，何谓也？子曰："上下无常，非为邪也；进退无恒，非离群也。君子进德修业，欲及时也，故无咎。"

九五曰："飞龙在天，利见大人"，何谓也？子曰："同声相应，同气相求。水流湿，火就燥，云从龙，风从虎，圣人作而万物睹。本乎天者亲上，本乎地者亲下，则各从其类也。"

上九曰："亢龙有悔"，何谓也？子曰："贵而无位，高而无民，贤人在下位而无辅，是以动而有悔也。"

"潜龙勿用"，下也。"见龙在田"，时舍也。"终日乾乾"，行事也。"或跃在渊"，自试也。"飞龙在天"，上治也。"亢龙有悔"，穷之灾也。乾元"用九"，天下治也。

"潜龙勿用"，阳气潜藏。"见龙在田"，天下文明。"终日乾乾"，与时偕行。"或跃在渊"，乾道乃革。"飞龙在天"，乃位乎天德。"亢龙有悔"，与时偕极。乾元"用九"，乃见天则。

《乾》"元"者，始而亨者也。"利贞"者，性情也。乾始能以美利利天下，不言所利，大矣哉！

大哉乾乎！刚健中正，纯粹精也。六爻发挥，旁通情也。"时乘六龙"，以"御天"也。"云行雨施"，天下平也。君子以成德为行，日可见之行也。"潜"之为言也，隐而未见，行而未成，是以君子"弗用"也。

君子学以聚之，问以辩之，宽以居之，仁以行之。《易》曰"见龙在田，利见大人"，君德也。

九三重刚而不中，上不在天，下不在田，故"乾乾"因其时而"惕"，虽危"无咎"矣。

九四重刚而不中，上不在天，下不在田，中不在人，故"或"之。"或"之者，疑之也，故"无咎"。

夫"大人"者，与天地合其德，与日月合其明，与四时合其序，与鬼神合其吉凶，先天而天弗违，后天而奉天时。天且弗违，而况于人乎？况于鬼神乎？

"亢"之为言也，知进而不知退，知存而不知亡，知得而不知丧。其唯圣人乎！知进退存亡而不失其正者，其唯圣人乎！

2.坤卦

坤：元亨，利牝马之贞。君子有攸往，先迷后得主，利西南得朋，东北丧朋。安贞，吉。

《彖》曰：至哉坤元，万物资生，乃顺承天。坤厚载物，德合无疆。含弘光大，品物咸亨。牝马地类，行地无疆。柔顺利贞，君子攸行。先迷失道，后顺得常。西南得朋，乃与类行；东北丧朋，乃终有庆。安贞之吉，应地无疆。

《象》曰：地势坤，君子以厚德载物。

初六：履霜，坚冰至。

《象》曰：履霜坚冰，阴始凝也。驯致其道，至坚冰也。

六二：直方大，不习无不利。

《象》曰：六二之动，直以方也。不习无不利，地道光也。

六三：含章可贞。或从王事，无成有终。

《象》曰：含章可贞，以时发也。或从王事，知光大也。

六四：括囊，无咎，无誉。

《象》曰：括囊无咎，慎不害也。

六五：黄裳，元吉。

《象》曰：黄裳元吉，文在中也。

上六：龙战于野，其血玄黄。

《象》曰：龙战于野，其道穷也。

用六：利永贞。

《象》曰：用六永贞，以大终也。

《文言》曰：《坤》至柔而动也刚，至静而德方，后得主而有常，含万物而化光。坤道其顺乎，承天而时行。

积善之家，必有余庆；积不善之家，必有余殃。臣弑其君，子弑其父，非一朝一夕之故，其所由来者渐矣，由辩之不早辩也。《易》曰"履霜，坚冰至"，盖言顺也。

"直"其正也，"方"其义也。君子敬以直内，义以方外，敬义立而德不孤。"直方大，不习无不利"，则不疑其所行也。

阴虽有美，"含"之以从王事，弗敢成也。地道也，妻道也，臣道也。地道"无成"而代"有终"也。天地变化，草木蕃。天地闭，贤人隐。《易》曰"括囊，无咎无誉"，盖言谨也。

君子"黄"中通理，正位居体，美在其中而畅于四支，发于事业，美之至也。

阴疑于阳必"战"，为其嫌于无阳也，故称"龙"焉。犹未离其类也，故称"血"焉。夫"玄黄"者，天地之杂也。天玄而地黄。

3.《系辞上传》

一阴一阳之谓道，继之者善也，成之者性也。仁者见之谓之仁，知者见之谓之知。百姓日用而不知，故君子之道鲜矣。显诸仁，藏诸用，鼓万物而不与圣人同忧，盛德大业至矣哉。富有之谓大业，日新之谓盛德。生生之谓易，成象之谓乾，效法之为坤，极数知来之谓占，通变之谓事，阴阳不测之谓神。（第五章）

夫《易》，广矣大矣，以言乎远，则不御；以言乎迩，则静而正；以言乎天地之间，则备矣。夫乾，其静也专，其动也直，是以大生焉。夫坤，其静也翕，其动也辟，是以广生焉。广大配天地，变通配四时，阴阳之义配日月，易简之善配至德。（第六章）

子曰："《易》，其至矣乎！"夫《易》，圣人所以崇德而广业也。知崇礼卑，崇效天，卑法地。天地设位，而《易》行乎其中矣，成性存存，道义之门。（第七章）

4.《说卦传》

昔者圣人之作《易》也，幽赞于神明而生蓍，参天两地而倚数，观变于阴阳而立卦，发挥于刚柔而生爻，和顺于道德而理于义，穷理尽性以至于命。（第一章）

昔者圣人之作《易》也，将以顺性命之理，是以立天之道曰阴与阳，立地之道曰柔与刚，立人之道曰仁与义。兼三才而两之，故《易》六画而成卦。分阴分阳，迭用柔刚，故《易》六位而成章。（第二章）

三、《春秋公羊传》（节选）

经：隐公元年春，王正月。

传：元年者何？君之始年也。春者何？岁之始也。王者孰谓？谓文王也。曷为先言王而后言正月？王正月也。何言乎王正月？大一统也。公何以不言即位？成公意也。

经：哀公十有四年春，西狩获麟。

传：何以书？记异也。何异尔？非中国之兽也。然则孰狩之？薪采者也。薪采者则微者也，曷为以狩言之？大之也。曷为大之？为获麟大之也。曷为获麟大之？麟者仁兽也。有王者则至，无王者则不至。有以告者曰："有麏而角者。"孔子曰："孰为来哉！孰为来哉！"反袂拭面，涕沾袍。颜渊死，子曰："噫！天丧予。"子路死，子曰："噫！天祝予。"西狩获麟，孔子曰："吾道穷矣！"《春秋》何以始乎隐？祖之所逮闻也。所见异辞，所闻异辞，所传闻异辞。何以终乎哀十四年？曰：备矣！君子曷为为《春秋》？拨乱世，反诸正，莫近诸《春秋》。则未知其为是与？其诸君子乐道尧舜之道与？末不亦乐乎尧舜之知君子也？制《春秋》之义以俟后圣，以君子之为，亦有乐乎此也。

四、《小戴礼记》（节选）

1.昔者仲尼与于蜡宾，事毕，出游于观之上，喟然而叹。仲尼之叹，盖叹鲁也。言偃在侧曰："君子何叹？孔子曰："大道之行也，与三代之英，丘未之逮也，而有志焉。"大道之行也，天下为公。选贤与能，讲信修睦，故人不独亲其亲，不独子其子，使老有所终，壮有所用，幼有所长，矜寡孤独废疾者，皆有所养。男有分，女有归。货恶其弃于地也，不必藏于己；力恶其不出于身也，不必为己。是故谋闭而不兴，盗窃乱贼而不作，故外户而不闭，是谓大同。"（《礼运》）

2.（哀公）曰："敢问君子何贵乎天道也？"孔子对曰："贵其'不已'。如日月东西相从而不已也，是天道也；不闭其久，是天道也；无为而物成，是天道也；已成而明，是天道也。"（《哀公问》）

五、《春秋繁露》（节选）

1.惟圣人能属万物于一，而系之元也，终不及本所从来而承之，不能遂其功。是以《春秋》变一谓之元，元犹原也，其义以随天地终始也。故人惟有终始也，而生不必应四时之变，故元者为万物之本，而人之元在焉。安在乎？乃在乎天地之前。故人虽生天气及奉天气者，不得与天元，本天元命，而共违其所为也。故春正月者，承天地之所为也，继天之所为而终之也，其道相与共功、持业、安容，言乃天地

之元。天地之元奚为于此，恶施于人？大其贯承意之理矣。(《重政》)

2.《春秋》曰："王正月。"《传》曰："王者孰谓？谓文王也。曷为先言王而后言正月？"王正月也。何以谓之王正月？曰：王者必受命而后王。王者必改正朔、易服色、制礼乐，一统于天下，所以明易姓，非继人，通以己受之于天也。王者受命而王，制此月以应变，故作科以奉天地，故谓之王正月也。(《三代改制质文》)

六、《孔子家语》(节选)

鲁哀公问于孔子曰："人之命与性何谓也？"孔子对曰："分于道，谓之命；形于一，谓之性；化于阴阳，象形而发，谓之生；化穷数尽，谓之死。故命者，性之始也；死者，生之终也。有始则必有终矣。(《本命解》)

七、《孟子》(节选)

1.世衰道微，邪说暴行有作，臣弑其君者有之，子弑其父者有之。孔子惧，作《春秋》。《春秋》，天子之事也。是故孔子曰："知我者其《惟春》秋乎！罪我者其惟《春秋》乎！"

……

昔者禹抑洪水而天下平，周公兼夷狄、驱猛兽而百姓宁，孔子成《春秋》而乱臣贼子惧。《诗》云："戎狄是膺，荆舒是惩，则莫我敢承。"无父无君，是周公所膺也。我亦欲正人心，息邪说，距诐行，放淫辞，以承三圣者。岂好辩哉？予不得已也。能言距杨墨者，圣人之徒也。(《滕文公下》)

2.孟子曰："王者之迹熄而《诗》亡，《诗》亡然后《春秋》作。晋之《乘》、楚之《梼杌》、鲁之《春秋》，一也。其事则齐桓、晋文，其文则史。孔子曰：'其义则丘窃取之矣。'"(《离娄下》)

八、《史记》(节选)

1.孔子生鲁昌平乡陬邑。其先宋人也，曰孔防叔。防叔生伯夏，伯夏生叔梁纥。纥与颜氏女野合而生孔子，祷于尼丘得孔子。鲁襄公二十二年而孔子生。生而首上圩顶，故因名曰丘云。字仲尼，姓孔氏。丘生而叔梁纥死，葬于防山。防山在鲁东，由是孔子疑其父墓处，母讳之也。孔子为儿嬉戏，常陈俎豆，设礼容。孔子母死，乃殡五父之衢，盖其慎也。陬人挽父之母诲孔子父墓，然后往合葬于防焉。孔子要绖，季氏飨士，孔子与往。阳虎绌曰："季氏飨士，非敢飨子也。"孔子由是退。

孔子年十七，鲁大夫孟僖子病且死，诫其嗣懿子曰："孔丘，圣人之后，灭于宋。其祖弗父何始有宋而嗣让厉公。及正考父佐戴、武、宣公，三命兹益恭，故鼎铭云：'一命而偻，再命而伛，三命而俯，循墙而走，亦莫敢余侮。饘于是，粥于是，以糊余口。'其恭如是。吾闻圣人之后，虽不当世，必有达者。今孔丘年少好礼，其达者欤？

吾即没，若必师之。"及僖子卒，懿子与鲁人南宫敬叔往学礼焉。是岁，季武子卒，平子代立。

孔子贫且贱。及长，尝为季氏史，料量平，尝为司职吏而畜蕃息。由是为司空。已而去鲁，斥乎齐，逐乎宋、卫，困于陈蔡之间，于是反鲁。孔子长九尺有六寸，人皆谓之"长人"而异之。鲁复善待，由是反鲁。

鲁南宫敬叔言鲁君曰："请与孔子适周。"鲁君与之一乘车，两马，一竖子俱，适周问礼，盖见老子云。辞去，而老子送之曰："吾闻富贵者送人以财，仁人者送人以言。吾不能富贵，窃仁人之号，送子以言，曰：'聪明深察而近于死者，好议人者也。博辩广大危其身者，发人之恶者也。为人子者毋以有己，为人臣者毋以有己。'"孔子自周反于鲁，弟子稍益进焉。

是时也，晋平公淫，六卿擅权，东伐诸侯；楚灵王兵强，陵轹中国；齐大而近于鲁。鲁小弱，附于楚则晋怒，附于晋则楚来伐；不备于齐，齐师侵鲁。

鲁昭公之二十年，而孔子盖年三十矣。齐景公与晏婴来适鲁，景公问孔子曰："昔秦穆公国小处辟，其霸何也？"对曰："秦，国虽小，其志大；处虽辟，行中正。身举五羖，爵之大夫，起累绁之中，与语三日，授之以政。以此取之，虽王可也，其霸小矣。"景公说。

孔子年三十五，而季平子与郈昭伯以斗鸡故得罪鲁昭公，昭公率师击平子，平子与孟氏、叔孙氏三家共攻昭公，昭公师败，奔于齐，齐处昭公乾侯。其后顷之，鲁乱。孔子适齐，为高昭子家臣，欲以通乎景公。与齐太师语乐，闻韶音，学之，三月不知肉味，齐人称之。

景公问政孔子，孔子曰："君君，臣臣，父父，子子。"景公曰："善哉！信如君不君，臣不臣，父不父，子不子，虽有粟，吾岂得而食诸！"他日又复问政于孔子，孔子曰："政在节财。"景公说，将欲以尼谿田封孔子。晏婴进曰："夫儒者滑稽而不可轨法，倨傲自顺，不可以为下；崇丧遂哀，破产厚葬，不可以为俗；游说乞贷，不可以为国。自大贤之息，周室既衰，礼乐缺有间。今孔子盛容饰，繁登降之礼，趋详之节，累世不能殚其学，当年不能究其礼。君欲用之以移齐俗，非所以先细民也。"后景公敬见孔子，不问其礼。异日，景公止孔子曰："奉子以季氏，吾不能。"以季孟之间待之。齐大夫欲害孔子，孔子闻之。景公曰："吾老矣，弗能用也。"孔子遂行，反乎鲁。

孔子年四十二，鲁昭公卒于乾侯，定公立。定公立五年，夏，季平子卒，桓子嗣立。

……

桓子嬖臣曰仲梁怀，与阳虎有隙。阳虎欲逐怀，公山不狃止之。其秋，怀益骄，阳虎执怀。桓子怒，阳虎因囚桓子，与盟而醳之。阳虎由此益轻季氏。季氏亦僭于公室，陪臣执国政，是以鲁自大夫以下皆僭离于正道。故孔子不仕，退而修诗书礼乐，弟子弥众，至自远方，莫不受业焉。

定公八年，公山不狃不得意于季氏，因阳虎为乱，欲废三桓之嫡，更立其庶孽阳虎素所善者，遂执季桓子。桓子诈之，得脱。

定公九年，阳虎不胜，奔于齐。是时孔子年五十。公山不狃以费畔季氏，使人召孔子。孔子循道弥久，温温无所试，莫能己用，曰："盖周文武起丰镐而王，今费虽小，傥庶几乎！"欲往。子路不说，止孔子。孔子曰："夫召我者岂徒哉？如用我，其为东周乎！"然亦卒不行。其后定公以孔子为中都宰，一年，四方皆则之。由中都宰为司空，由司空为大司寇。

定公十年春，及齐平。夏，齐大夫黎钮言于景公曰："鲁用孔丘，其势危齐。"乃使使告鲁为好会，会于夹谷。鲁定公且以乘车好往。孔子摄相事，曰："臣闻有文事者必有武备，有武事者必有文备。古者诸侯出疆，必具官以从。请具左右司马。"定公曰："诺。"具左右司马。会齐侯夹谷，为坛位，土阶三等，以会遇之礼相见，揖让而登。献酬之礼毕，齐有司趋而进曰："请奏四方之乐。"景公曰："诺。"于是旍旄羽祓矛戟剑拨鼓噪而至。孔子趋而进，历阶而登，不尽一等，举袂而言曰："吾两君为好会，夷狄之乐何为于此！请命有司！"有司却之，不去，则左右视晏子与景公。景公心怍，麾而去之。有顷，齐有司趋而进曰："请奏宫中之乐。"景公曰："诺。"优倡侏儒为戏而前。孔子趋而进，历阶而登，不尽一等，曰："匹夫而营惑诸侯者罪当诛！请命有司！"有司加法焉，手足异处。景公惧而动，知义不若，归而大恐，告其群臣曰："鲁以君子之道辅其君，而子独以夷狄之道教寡人，使得罪于鲁君，为之奈何？"有司进对曰："君子有过则谢以质，小人有过则谢以文。君若悼之，则谢以质。"于是齐侯乃归所侵鲁之郓、汶阳、龟阴之田以谢过。

定公十三年夏，孔子言于定公曰："臣无藏甲，大夫毋百雉之城。"使仲由为季氏宰，将堕三都。于是叔孙氏先堕郈。季氏将堕费，公山不狃、叔孙辄率费人袭鲁。公与三子入于季氏之宫，登武子之台。费人攻之，弗克，入及公侧。孔子命申句须、乐颀下伐之，费人北。

国人追之，败诸姑蔑。二子奔齐，遂堕费。将堕成，公敛处父谓孟孙曰："堕成，齐人必至于北门。且成，孟氏之保鄣，无成是无孟氏也。我将弗堕。"十二月，公围成，弗克。

定公十四年，孔子年五十六，由大司寇行摄相事，有喜色。门人曰："闻君子祸至不惧，福至不喜。"孔子曰："有是言也。不曰'乐其以贵下人'乎？"于是诛鲁大夫乱政者少正卯。与闻国政三月，粥羔豚者弗饰贾，男女行者别于途，途不拾遗，四方之客至乎邑者不求有司，皆予之以归。齐人闻而惧，曰："孔子为政必霸，霸则吾地近焉，我之为先并矣。盍致地焉？"黎钼曰："请先尝沮之；沮之而不可则致地，庸迟乎！"于是选齐国中女子好者八十人，皆衣文衣而舞康乐，文马三十驷，遗鲁君。陈女乐文马于鲁城南高门外，季桓子微服往观再三，将受，乃语鲁君为周道游，往观终日，怠于政事。子路曰："夫子可以行矣。"孔子曰："鲁今且郊，如致膰乎大夫，则吾犹可以止。"桓子卒受齐女乐，三日不听政；郊，又不致膰俎于大夫。孔子遂行，宿乎屯。而师己送，曰："夫子则非罪。"孔子曰："吾歌可夫？"歌曰："彼妇之口，可以出走；彼妇之谒，可以死败。盖优哉游哉，维以卒岁！"师己反，桓子曰："孔子亦何言？"师己以实告。桓子喟然叹曰："夫子罪我以群婢故也夫！"

孔子遂适卫，主于子路妻兄颜浊邹家。卫灵公问孔子："居鲁得禄几何？"对曰："奉粟六万。"卫人亦致粟六万。居顷之，或谮孔子于卫灵公。灵公使公孙余假一出一入。孔子恐获罪焉，居十月，去卫。

将适陈，过匡，颜刻为仆，以其策指之曰："昔吾入此，由彼缺也。"匡人闻之，以为鲁之阳虎。阳虎尝暴匡人，匡人于是遂止孔子。

孔子状类阳虎，拘焉五日，颜渊后，子曰："吾以汝为死矣。"颜渊曰："子在，回何敢死！"匡人拘孔子益急，弟子惧。孔子曰："文王既没，文不在兹乎？天之将丧斯文也，后死者不得与于斯文也。天之未丧斯文也，匡人其如予何！"孔子使从者为宁武子臣于卫，然后得去。

去即过蒲。月余，反乎卫，主蘧伯玉家。灵公夫人有南子者，使人谓孔子曰："四方之君子不辱欲与寡君为兄弟者，必见寡小君。寡小君愿见。"孔子辞谢，不得已而见之。夫人在絺帷中。孔子入门，北面稽首。夫人自帷中再拜，环珮玉声璆然。孔子曰："吾乡为弗见，见之礼答焉。"子路不说。孔子矢之曰："予所不者，天厌之！天厌之！"居卫月余，灵公与夫人同车，宦者雍渠参乘，出，使孔子为次乘，招摇市过之。孔子曰："吾未见好德如好色者也。"于是丑之，去卫，过曹。是岁，鲁定公卒。

孔子去曹适宋，与弟子习礼大树下。宋司马桓魋欲杀孔子，拔其树。孔子去。弟子曰："可以速矣。"孔子曰："天生德于予，桓魋其如予何！"

孔子适郑，与弟子相失，孔子独立郭东门。郑人或谓子贡曰："东门有人，其颡似尧，其项类皋陶，其肩类子产，然自要以下不及禹三寸。累累若丧家之狗。"子贡以实告孔子。孔子欣然笑曰："形状，末也。而谓似丧家之狗，然哉！然哉！"

孔子遂至陈，主于司城贞子家。岁余，吴王夫差伐陈，取三邑而去。赵鞅伐朝歌。楚围蔡，蔡迁于吴。吴败越王勾践会稽。

……

孔子居陈三岁，会晋楚争强，更伐陈，及吴侵陈，陈常被寇。孔子曰："归与！归与！吾党之小子狂简，进取不忘其初。"于是孔子去陈。

过蒲，会公叔氏以蒲畔，蒲人止孔子。弟子有公良孺者，以私车五乘从孔子。其为人长贤，有勇力，谓曰："吾昔从夫子遇难于匡，今又遇难于此，命也已。吾与夫子再罹难，宁斗而死。"斗甚疾。蒲人惧，谓孔子曰："苟毋适卫，吾出子。"与之盟，出孔子东门。孔子遂适卫。子贡曰："盟可负邪？"孔子曰："要盟也，神不听。"

卫灵公闻孔子来，喜，郊迎。问曰："蒲可伐乎？"对曰："可。"灵公曰："吾大夫以为不可。今蒲，卫之所以待晋楚也，以卫伐之，无乃不可乎？"孔子曰："其男子有死之志，妇人有保西河之志。吾所伐者不过四五人。"灵公曰："善。"然不伐蒲。

灵公老，怠于政，不用孔子。孔子喟然叹曰："苟有用我者，期月而已，三年有成。"孔子行。

佛肸为中牟宰。赵简子攻范、中行，伐中牟。佛肸畔，使人召孔子。孔子欲往。子路曰："由闻诸夫子，'其身亲为不善者，君子不入也'。今佛肸亲以中牟畔，子欲往，如之何？"孔子曰："有是言也。不曰坚乎，磨而不磷；不曰白乎，涅而不淄。我岂匏瓜也哉，焉能系而不食？"

孔子击磬。有荷蒉而过门者，曰："有心哉，击磬乎！硁硁乎，莫己知也夫而已矣！"

孔子学鼓琴师襄子，十日不进。师襄子曰："可以益矣。"孔子曰："丘已习其曲矣，未得其数也。"有间，曰："已习其数，可以益矣。"孔子曰："丘未得其志也。"有间，曰："已习其志，可以益矣。"

孔子曰："丘未得其为人也。"有间,（曰）有所穆然深思焉,有所怡然高望而远志焉。曰："丘得其为人,黯然而黑,几然而长,眼如望羊,如王四国,非文王其谁能为此也!"师襄子辟席再拜,曰："师盖云《文王操》也。"

孔子既不得用于卫,将西见赵简子。至于河而闻窦鸣犊、舜华之死也,临河而叹曰："美哉水,洋洋乎!丘之不济此,命也夫!"……乃还息乎陬乡,作为《陬操》以哀之。而反乎卫,入主蘧伯玉家。

他日,灵公问兵陈。孔子曰："俎豆之事则尝闻之,军旅之事未之学也。"明日,与孔子语,见蜚雁,仰视之,色不在孔子。孔子遂行,复如陈。

夏,卫灵公卒,立孙辄,是为卫出公。六月,赵鞅内太子蒯聩于戚。阳虎使太子绋,八人衰绖,伪自卫迎者,哭而入,遂居焉。冬,蔡迁于州来。是岁鲁哀公三年,而孔子年六十矣。齐助卫围戚,以卫太子蒯聩在故也。

夏,鲁桓僖庙燔,南宫敬叔救火。孔子在陈,闻之,曰："灾必于桓僖庙乎?"已而果然。

秋,季桓子病,辇而见鲁城,喟然叹曰："昔此国几兴矣,以吾获罪于孔子,故不兴也。"顾谓其嗣康子曰："我即死,若必相鲁;相鲁,必召仲尼。"后数日,桓子卒,康子代立。已葬,欲召仲尼。公之鱼曰："昔吾先君用之不终,终为诸侯笑。今又用之,不能终,是再为诸侯笑。"康子曰："则谁召而可?"曰："必召冉求。"于是使使召冉求。冉求将行,孔子曰："鲁人召求,非小用之,将大用之也。"是日,孔子曰："归乎归乎!吾党之小子狂简,斐然成章,吾不知所以裁之。"子贡知孔子思归，送冉求，因诚曰"即用，以孔子为招"云。

冉求既去，明年，孔子自陈迁于蔡。蔡昭公将如吴，吴召之也。前昭公欺其臣迁州来，后将往，大夫惧复迁，公孙翩射杀昭公。楚侵蔡。秋，齐景公卒。

明年，孔子自蔡如叶。叶公问政，孔子曰："政在来远附迩。"他日，叶公问孔子于子路，子路不对。孔子闻之，曰："由，尔何不对曰'其为人也，学道不倦，诲人不厌，发愤忘食，乐以忘忧，不知老之将至'云尔。"

去叶，反于蔡。长沮、桀溺耦而耕，孔子以为隐者，使子路问津焉。长沮曰："彼执舆者为谁？"子路曰："为孔丘。"曰："是鲁孔丘与？"曰："然。"曰："是知津矣。"桀溺谓子路曰："子为谁？"曰："为仲由。"曰："子，孔丘之徒与？"曰："然。"桀溺曰："悠悠者天下皆是也，而谁以易之？且与其从辟人之士，岂若从辟世之士哉！"耰而不辍。子路以告孔子，孔子忧然曰："鸟兽不可与同群。天下有道，丘不与易也。"

他日，子路行，遇荷蓧丈人，曰："子见夫子乎？"丈人曰："四体不勤，五谷不分，孰为夫子！"植其杖而芸。子路以告，孔子曰："隐者也。"复往，则亡。

孔子迁于蔡三岁，吴伐陈。楚救陈，军于城父。闻孔子在陈蔡之间，楚使人聘孔子。孔子将往拜礼，陈蔡大夫谋曰："孔子贤者，所刺讥皆中诸侯之疾。今者久留陈蔡之间，诸大夫所设行皆非仲尼之意。今楚，大国也，来聘孔子。孔子用于楚，则陈蔡用事大夫危矣。"

于是乃相与发徒役围孔子于野。不得行，绝粮。从者病，莫能兴。孔子讲诵弦歌不衰。子路愠见曰："君子亦有穷乎？"孔子曰："君子固穷，小人穷斯滥矣。"子贡色作。孔子曰："赐，尔以予为多学而识之者与？"曰："然。非与？"孔子曰："非也。予一以贯之。"

孔子知弟子有愠心，乃召子路而问……于是使子贡至楚。楚昭王兴师迎孔子，然后得免。

昭王将以书社地七百里封孔子。楚令尹子西曰……昭王乃止。其秋，楚昭王卒于城父。

楚狂接舆歌而过孔子曰："凤兮！凤兮！何德之衰？往者不可谏兮，来者犹可追也！已而，已而！今之从政者殆而！"孔子下，欲与之言。趋而去，弗得与之言。于是孔子自楚反乎卫。是岁也，孔子年六十三，而鲁哀公六年也。

其明年，吴与鲁会缯，征百牢。太宰嚭召季康子。康子使子贡往，然后得已。孔子曰："鲁卫之政，兄弟也。"是时，卫君辄父不得立，在外，诸侯数以为让。而孔子弟子多仕于卫，卫君欲得孔子为政。子路曰："卫君待子而为政，子将奚先？"孔子曰："必也正名乎！"子路曰："有是哉，子之迂也！何其正也？"孔子曰："野哉由也！夫名不正则言不顺，言不顺则事不成，事不成则礼乐不兴，礼乐不兴则刑罚不中，刑罚不中则民无所错手足矣。夫君子为之必可名，言之必可行。君子于其言，无所苟而已矣。"

其明年，冉有为季氏将师，与齐战于郎，克之。季康子曰："子之于军旅，学之乎？性之乎？"冉有曰："学之于孔子。"季康子曰："孔子何如人哉？"对曰："用之有名；播之百姓，质诸鬼神而无憾。求之至于此道，虽累千社，夫子不利也。"康子曰："我欲召之，可乎？"对曰："欲召之，则毋以小人固之，则可矣。"而卫孔文子将攻太叔，问策于仲尼。仲尼辞不知，退而命载而行，曰："鸟能择木，木岂能择鸟乎！"文子固止。会季康子逐公华、公宾、公林，以币迎孔子，孔子归鲁。

孔子之去鲁凡十四岁而反乎鲁。

鲁哀公问政，对曰："政在选臣。"季康子问政，曰："举直错诸枉，则枉者直。"康子患盗，孔子曰："苟子之不欲，虽赏之不窃。"然鲁终不能用孔子，孔子亦不求仕。

孔子之时，周室微而礼乐废，诗书缺。追迹三代之礼，序书传，上纪唐虞之际，下至秦缪，编次其事。曰："夏礼吾能言之，杞不足征也。殷礼吾能言之，宋不足征也。足，则吾能征之矣。"观殷夏所损益，曰："后虽百世可知也，以一文一质。周监二代，郁郁乎文哉。吾从周。"故《书传》《礼记》自孔氏。

孔子语鲁大师："乐其可知也。始作翕如，纵之纯如，皦如，绎如也，以成。""吾自卫反鲁，然后乐正，雅颂各得其所。"

古者诗三千余篇，及至孔子，去其重，取可施于礼义，上采契后稷，中述殷周之盛，至幽厉之缺，始于衽席，故曰"《关雎》之乱以为《风》始，《鹿鸣》为《小雅》始，《文王》为《大雅》始，《清庙》为《颂始》"。三百五篇孔子皆弦歌之，以求合《韶》《武》《雅》《颂》之音。礼乐自此可得而述，以备王道，成六艺。

孔子晚而喜《易》，序《彖》、《系》、《象》、《说卦》、《文言》。读《易》，韦编三绝。曰："假我数年，若是，我于《易》则彬彬矣。"

孔子以诗书礼乐教，弟子盖三千焉，身通六艺者七十有二人。如颜浊邹之徒，颇受业者甚众。

孔子以四教：文，行，忠，信。绝四：毋意，毋必，毋固，毋我。所慎：齐，战，疾。子罕言利与命与仁。不愤不启，举一隅不以三隅反，则弗复也。

……

"三人行，必得我师。""德之不修，学之不讲，闻义不能徙，不善不能改，是吾忧也。"使人歌，善，则使复之，然后和之。

子不语：怪，力，乱，神。

子贡曰："夫子之文章，可得闻也。夫子言天道与性命，弗可得闻也已。"颜渊喟然叹曰："仰之弥高，钻之弥坚。瞻之在前，忽焉在后。夫子循循然善诱人，博我以文，约我以礼，欲罢不能。既竭我才，如有所立，卓尔。虽欲从之，蔑由也已。"达巷党人（童子）曰："大哉孔子，博学而无所成名。"子闻之曰："我何执？执御乎？执射乎？我执御矣。"牢曰："子云'不试，故艺'。"

鲁哀公十四年春，狩大野。叔孙氏车子鉏商获兽，以为不祥。仲尼视之，曰："麟也。"取之。曰："河不出图，雒不出书，吾已矣夫！"颜渊死，孔子曰："天丧予！"及西狩见麟，曰："吾道穷矣！"喟然叹曰："莫知我夫！"子贡曰："何为莫知子？"子曰："不怨天，不尤人，下学而上达，知我者其天乎！"

"不降其志，不辱其身，伯夷、叔齐乎！"谓"柳下惠、少连降志辱身矣"。谓"虞仲、夷逸隐居放言，行中清，废中权"。"我则异于是，无可无不可。"

子曰："弗乎弗乎，君子病没世而名不称焉。吾道不行矣，吾何以自见于后世哉？"乃因史记作《春秋》，上至隐公，下讫哀公十四年，十二公。据鲁，亲周，故殷，运之三代。约其文辞而指博。故吴楚之君自称王，而《春秋》贬之曰"子"；践土之会实召周天子，而《春秋》讳之曰"天王狩于河阳"：推此类以绳当世。贬损之义，后有王者举而开之。《春秋》之义行，则天下乱臣贼子惧焉。

孔子在位听讼，文辞有可与人共者，弗独有也。至于为《春秋》，笔则笔，削则削，子夏之徒不能赞一辞。弟子受《春秋》，孔子曰："后世知丘者以《春秋》，而罪丘者亦以《春秋》。"

明岁，子路死于卫。孔子病，子贡请见。孔子方负杖逍遥于门，曰："赐，汝来何其晚也？"孔子因叹，歌曰："太山坏乎！梁柱摧乎！哲人萎乎！"因以涕下。谓子贡曰："天下无道久矣，莫能宗予。夏人殡于东阶，周人于西阶，殷人两柱间。昨暮予梦坐奠两柱之间，予始殷人也。"后七日卒。

孔子年七十三，以鲁哀公十六年四月己丑卒。（《孔子世家》）

2. 太史公曰："先人有言：'自周公卒五百岁而有孔子。孔子卒后至于今五百岁，有能绍明世，正《易传》，继《春秋》，本《诗》《书》《礼》《乐》之际？'意在斯乎！意在斯乎！小子何敢让焉。"

上大夫壶遂曰："昔孔子何为而作《春秋》哉？"

太史公曰："余闻董生曰：'周道衰废，孔子为鲁司寇，诸侯害之，大夫壅之。孔子知言之不用，道之不行也，是非二百四十二年之中，以为天下仪表，贬天子，退诸侯，讨大夫，以达王事而已矣。'

子曰：'我欲载之空言，不如见之于行事之深切著明也。'夫《春秋》，上明三王之道，下辨人事之纪，别嫌疑，明是非，定犹豫，善善恶恶，贤贤贱不肖，存亡国，继绝世，补敝起废，王道之大者也。《易》著天地阴阳四时五行，故长于变；《礼》经纪人伦，故长于行；《书》记先王之事，故长于政；《诗》记山川、谿谷、禽兽、草木、牝牡、雌雄，故长于风；《乐》乐所以立，故长于和；《春秋》辩是非，故长于治人。是故《礼》以节人，《乐》以发和，《书》以道事，《诗》以达意，《易》以道化，《春秋》以道义。拨乱世反之正，莫近于《春秋》。《春秋》文成数万，其指数千。万物之散聚皆在《春秋》。《春秋》之中，弑君三十六，亡国五十二，诸侯奔走不得保其社稷者不可胜数。察其所以，皆失其本已。故《易》曰'失之毫厘，差以千里'。故曰'臣弑君，子弑父，非一旦一夕之故也，其渐久矣'。故有国者不可以不知《春秋》，前有谗而弗见，后有贼而不知。为人臣者不可以不知《春秋》，守经事而不知其宜，遭变事而不知其权。为人君父而不通于《春秋》之义者，必蒙首恶之名。为人臣子而不通于《春秋》之义者，必陷篡弑之诛，死罪之名。其实皆以为善，为之不知其义，被之空言而不敢辞。夫不通礼义之旨，至于君不君，臣不臣，父不父，子不子。夫君不君则犯，臣不臣则诛，父不父则无道，子不子则不孝。此四行者，天下之大过也。以天下之大过予之，则受而弗敢辞。故《春秋》者，礼义之大宗也。夫礼禁未然之前，法施已然之后；法之所为用者易见，而礼之所为禁者难知。"

壶遂曰："孔子之时，上无明君，下不得任用，故作《春秋》，垂空文以断礼义，当一王之法。今夫子卜遇明天子，下得守职，万事既具，咸各序其宜，夫子所论，欲以何明？"

太史公曰："唯唯，否否，不然。余闻之先人曰：'伏羲至纯厚，作《易·八卦》。尧舜之盛，《尚书》载之，礼乐作焉。汤武之隆，诗人歌之。《春秋》采善贬恶，推三代之德，褒周室，非独刺讥而已也。'汉兴以来，至明天子，获符瑞，封禅，改正朔，易服色，受命于穆清，泽流罔极，海外殊俗，重译款塞，请来献见者，不可胜道。臣下百官力诵圣德，犹不能宣尽其意。且士贤能而不用，有国者之耻；主上明圣而德不布闻，有司之过也。且余尝掌其官，废明圣盛德不载，灭功臣世家贤大夫之业不述，堕先人所言，罪莫大焉。余所谓述故事，整齐其世传，非所谓作也，而君比之于《春秋》，谬矣。"（《太史公自序》）

$$在道善学苑读懂中华文化$$
$$品赏古典音乐之美$$

会员加入接口

欢迎您加入道善会员，入会后您将尊享这张清单所列的所有音频、视频课的学习以及所有电子书的阅读，同时可获得道善学苑店铺图书折上9.5折优惠。

我们是谁

道善文化传媒（北京）有限公司的前身，为成立于2004年的北京爱智达人教育科技有限公司，公司自成立以来一直从事传统文化类图书的出版发行与音视频课制作，尤其深耕中华传统文化经典的优质讲解内容，用心遴选明家、大家，注重讲解经典的今用价值与正本清源，突出用古人的智慧启发今人的智慧。已经出版了海内外数十位知名学者与作家的近200种作品，其中百分之九十以上的图书作者为台湾学术界著名专家学者。

我们能为会员提供什么

一、名家音视频课程

吴怡老师课程：
吴怡：《碧岩录》上下部（视频课）
吴怡：周易本义通讲（视频43期）
吴怡：孔子学易心得——易经系辞传细讲（视频课）
吴怡：老子哲学的道与理 专栏回放（视频课）
吴怡：禅与人生（视频课）
吴怡：假如我遇到荣格（视频课）
吴怡：读懂易经（视频课）
吴怡：孔子学易心得——易经系辞传细讲（音频39期）
吴怡：《老子》新说——我在美国讲老子（音频课）
吴怡：易经入门与处变哲学（音频课）
吴怡：觉醒与转化——坛经的生活智慧（音频20期）
吴怡：《庄子》新说——我在美国讲庄子（音频课）

刘君祖老师课程：

刘君祖：易经与智慧人生（视频课）

刘君祖：《五经道贯》直播回放（视频）

刘君祖：讲透《孙子兵法》（视频85期）

刘君祖：演示大衍之术（视频）

刘君祖：学懂易经64卦

刘君祖：逐字逐爻详解易经六十四卦（音频128期）

刘君祖：易解《心经》（视频）

刘君祖：易经入门6小时（音频）

刘君祖：讲鬼谷子（音频31期）

袁保新：如何进入孟子的精神世界

林义正：贯通群经解论语（视频25期）

林义正：《论语》原来这么深刻（视频36期）

高柏园：精讲韩非子（视频74期）

刘少雄：唐宋词的情感世界（音频60期）

沈鸿元：听得懂的爵士乐（音频102期）

王令樾：史记100讲（音频100期）

严定暹：孙子兵法细讲（音频72期）

甘怀真：中国通史——王权激荡五千年（音频105期）

朱　琦：青春李白 | 硅谷华人最喜爱的诗词课（音频33期）

叶思芬：《金瓶梅》私房笔记（音频107期）

叶思芬：成住坏空看红楼梦（音频124期）

欧丽娟：醉美古诗词（音频60期）

彭广林：30天听懂古典音乐（视频12期）

彭广林：古典音乐的奇幻之旅—从入门到上瘾的108堂课（音频216期）

刘岠渭深度导聆古典音乐视频课程

莫扎特歌剧《魔笛》（上下）

莫扎特歌剧《费加洛婚礼》（上下）

马勒第五号交响曲（上下）

贝多芬D大调小提琴协奏曲

贝多芬第五号交响曲《命运》

贝多芬第三号交响曲《英雄》

威尔第歌剧《茶花女》（上下）

勃拉姆斯D大调小提琴协奏曲

舒伯特磨坊少女（上下）

舒伯特 Arpeggione 大提琴奏鸣曲

普契尼歌剧《杜兰朵公主》（上下）

巴赫郭德堡变奏曲（上下）

柴可夫斯基第一号钢琴协奏曲

柴可夫斯基小提琴协奏曲

门德尔松小提琴协奏曲

门德尔松仲夏夜之梦

舒曼 A 小调大提琴协奏曲，Op.129

布鲁赫第一号小提琴协奏曲

西贝柳司小提琴协奏曲

韦瓦尔第小提琴协奏曲《四季》

梁祝小提琴协奏曲

德沃夏克　大提琴协奏曲，Op.104

萧邦第二号钢琴协奏曲

二、道善人与经典文库纸质书与电子书书目

文　运著《大学今用：开启生命成长之路》

高怀民著《易学史》（全三卷）

林素玟著《礼记的读法》

林义正著《论语约讲：感通孔子心志的新诠释》

刘君祖著《道德经通讲》

刘君祖著《庄子通讲》

刘君祖著《黄帝阴符经通讲》

刘君祖著《春秋繁露的读法》

刘君祖著《人物志的读法》

吴　怡著《周易本义通讲》

刘岠渭著《一生必听的 100 首经典名曲》

刘岠渭著《默观无限美——西方古典音乐讲座》

毓　鋆著《毓老师说老子》

毓　鋆著《毓老师说庄子》

毓　鋆著《毓老师说大学》

毓　鋆著《毓老师说论语》

毓　鋆著《毓老师说人物志》

毓　鋆著《毓老师说孙子兵法》

毓　鋆著《毓老师说易传》

毓　鋆著《毓老师说易经》(全3册)

毓　鋆著《毓老师说中庸》

毓　鋆著《毓老师说春秋繁露》

毓　鋆著《毓老师说公羊》

毓　鋆著《毓老师说管子》

毓　鋆著《毓老师说吴起太公兵法》

毓　鋆著《毓老师说孟子》

毓　鋆著《毓老师说诗书礼》

毓　鋆著《毓老师说》

刘君祖著《系辞传全译全解》

刘君祖著《刘君祖经典讲堂》(全十卷)

刘君祖著《刘君祖完全破解易经密码(全九册)》

刘君祖著《刘君祖易断全书(上下)》

刘君祖著《易经与现代生活》

刘君祖著《易经说什么》

刘君祖著《孙子兵法新解》

刘君祖著《新解冰鉴》

刘君祖著《鬼谷子新解》

刘君祖著《新解黄帝阴符经》

刘君祖著《新解论语》

刘君祖著《新解鬼谷子》

刘君祖著《忧患：刘君祖讲易经忧患九卦》

刘君祖著《乾坤：刘君祖讲乾坤大智慧》

吴　怡著《庄子的读法》

吴　怡著《老子新说：我在美国讲老子》

吴　怡著《易经新说：我在美国讲易经》

吴　怡著《庄子新说：我在美国讲庄子》

吴　怡著《易经应该这样用》

吴　怡著《中国哲学关键词50讲(汉英对照)》

吴　怡著《中国哲学史》

吴　怡著《人与经典·老子》

吴　怡著《人与经典·易经系辞传》

高柏园著《人与经典·韩非子》

王令樾著《人与经典·史记》

吴宏一著《人与经典·说文解字》

毓　鋆著《人与经典·大学》

毓　鋆著《人与经典·中庸》

张高评著《人与经典·左传》

叶思芬著《叶思芬说金瓶梅》

叶思芬著《金瓶梅的读法（全二册）》

欧丽娟著《欧丽娟品读古诗词》

阮芝生著《史记的读法》

袁保新著《孟子的读法》

刘龙勋著《诗经的读法》

叶思芬著《红楼梦的读法》

高怀民著《易经哲学精讲》

高华民著《东道西理：先秦哲学与希腊哲学通讲》

朱　琦著《唐诗之巅》（全三册）

张　元著《读史与观心——从心读〈资治通鉴〉》

林　乾著《柄国宰相张居正》

黄绍祖著《易经与中医学》

徐芹庭著《细说易经》（上下册）

刘少雄著《伤离别与共春风：至情至性唐宋词》（套装共2册）

张　源著《把大学彻底说明白》

下村湖人《论语故事》

陈文德著《数位易经》（全二册）

刘思白著《周易话解》

辛意云著《论语大义》（上下）

史瑞华　林左鸣著《不得不说的事——外星代言的传奇经历》

王式智著《中国历史评鉴录》

注：最终解释权归道善文化传媒（北京）有限公司所有